W0378844

Simone Singer

Kollektives Arbeitsrecht

8. Auflage 2021

ISBN 978-3-86724-124-3

8. Auflage 2021

Bezug möglich direkt vom Verlag
niederle media
48341 Altenberge
Fax (02505) 93 98 99
E-Mail: info@niederle-media.de
www.niederle-media.de

▶ Inhalt

▶ Kollektives Arbeitsrecht

Teil 1: Tarifvertragsrecht

Nach wie vor ist der Tarifvertrag von großer Bedeutung im Arbeitsrecht. Derzeit existieren etwa 50.000 Tarifverträge. Dazu kommen noch etwa 450 sog. Allgemeinverbindlichkeitserklärungen, vgl. § 5 TVG. Das Recht der Tarifverträge, das TVG, regelt aber nur ansatzweise die Auswirkungen tariflicher Bestimmungen. Daher wurde ein großer Teil dieses Bereichs des kollektiven Arbeitsrechts durch die höchstrichterliche Rechtsprechung des BAG geprägt.

I. Begriff

Der Tarifvertrag ist der schriftliche Vertrag zwischen einem oder mehreren Arbeitgebern oder Arbeitgeberverbänden und einer oder mehreren Gewerkschaften zur Regelung von arbeitsrechtlichen Rechten und Pflichten der Tarifparteien (schuldrechtlicher Teil) und zur Festsetzung von Rechtsnormen über Inhalt, Abschluss und Beendigung von Arbeitsverhältnissen sowie über betriebliche und betriebsverfassungsrechtliche Fragen und über gemeinsame Einrichtungen der Tarifvertragsparteien (normativer Teil), vgl. § 1 TVG.

Der Tarifvertrag ist damit auf der einen Seite nichts anderes als ein gewöhnlicher schuldrechtlicher Vertrag, der nach den §§ 145 ff. BGB zustande kommt. Auf der anderen Seite aber ist der Tarifvertrag auch mit normativer Wirkung ausgestattet und hat damit Gesetzeskraft. Er wirkt damit unabhängig vom Wissen und Wollen derjenigen, die dem Tarifvertrag unterliegen. Die h.M. nimmt an, dass es sich bei einem Tarifvertrag um ein Gesetz im materiellen Sinne handelt.

II. Funktionen des Tarifvertrages

Der Tarifvertrag erfüllt eine Vielzahl von Aufgaben. Die wichtigsten sind laut § 4a Abs. 1 TVG

1. Schutzfunktion

Liegen die weiteren Voraussetzungen vor, regelt der Tarifvertrag unabdingbare Mindestarbeitsbedingungen. Das bedeutet, dass nicht zu Lasten des Arbeitnehmers von den Bestimmungen des Tarifvertrages abgewichen werden darf.

2. Friedensfunktion

Während der Laufzeit eines Tarifvertrages sind Arbeitskämpfe zumindest wegen des tariflich geregelten Inhalts verboten.

3. Ordnungsfunktion

Tarifverträge ordnen das Arbeitsleben. Da gesetzliche Vorgaben – z.B. zu Mindestlöhnen – weitestgehend fehlen, regeln die Tarifverträge die wichtigsten Arbeitsbedingungen. Dabei entfalten tarifliche Regelungen eine erhöhte Richtigkeitsgewähr. Es ist deswegen weit verbreitet, (einzel-) arbeitsvertraglich auf Tarifverträge Bezug zu nehmen und so die Richtigkeitsgewähr der Tarifverträge selbst für Arbeitsverhältnisse zu nutzen, die eigentlich keinem Tarifvertrag unterliegen.

4. Verteilungsfunktion

Hauptbestandteil von Tarifverträgen ist der Lohn. Geregelt wird aber nicht nur die absolute Höhe des Lohns, sondern auch das Verhältnis der Löhne untereinander. Bevorzugtes Instrument hierfür sind die sogenannten Vergütungsgruppen.

III. Arten von Tarifverträgen

Es gibt eine Vielzahl verschiedener Tarifverträge. Man unterscheidet Tarifverträge unter anderem nach Inhalt und Beteiligten.

1. Unterscheidung nach Inhalt

Dem Inhalt nach lassen sich Tarifverträge wie folgt unterscheiden:

1.1 Manteltarifverträge

Diese regeln allgemeine Arbeitsbedingungen wie z.B. Arbeitszeit, Urlaub, Kündigungsfristen usw.

1.2 Lohntarifverträge

Hier wird allein die Höhe des Arbeitsentgelts für die einzelnen Vergütungsgruppen festgelegt.

1.3 Lohnrahmentarifverträge

Diese geben nur die Lohngruppen vor. Dabei wird nach allgemeinen Kriterien festgelegt, wie die Tätigkeiten zu bezahlen sind. Solche allgemeinen Kriterien können sein: Ausbildung, Weisungsbefugnisse, Verantwortung, Beschäftigungszeiten etc. Um die Einordnung einer Tätigkeit unter eine solche Lohngruppe zu erleichtern, werden im Anschluss an die allgemeinen Kriterien meistens auch Beispiele genannt.

Beispiele:

(...)

Tarifgruppe 4:
Tätigkeiten, die weitergehende fachliche Kenntnisse und/oder Fertigkeiten erfordern, wie z.B. ....(Beispielstätigkeit).

Tarifgruppe 5:
Tätigkeiten, die gründliche und/oder vielseitige Kenntnisse und Fertigkeiten erfordern, wie sie in der Regel durch eine abgeschlossene Berufsausbildung und/oder Berufserfahrung (analog § 40 Abs. 2 BBiG) im fachlich entsprechenden Tätigkeitsbereich erworben werden, wie z.B. ....(Beispielstätigkeit).

Über die Frage, wie eine Tätigkeit einzugruppieren ist, wird vielfach gestritten. So kann man in dem Beispiel bereits darüber unterschiedlicher Auffassung sein, ob die Tätigkeit eines Arbeitnehmers „weitergehende" (Tarifgruppe 4) oder sogar „gründliche und/oder vielseitige" (Tarifgruppe 5) Kenntnisse erfordert.

2. Unterscheidung nach Beteiligten

Eine weitere Möglichkeit, Tarifverträge zu unterscheiden, ist die nach der Frage, wer den Tarifvertrag vereinbart hat.

2.1 Verbandstarifvertrag

Bei Verbandstarifverträgen schließt mindestens ein Arbeitgeberverband mit mindestens einer Gewerkschaft einen Tarifvertrag ab. Verbandstarifverträge werden auch als **Flächentarifverträge** bezeichnet. Stehen auf einer Seite des Tarifvertrages mindestens zwei Beteiligte, spricht man auch von **mehrgliedrigen** Tarifverträgen.

Beispiel: Der Arbeitgeberverband Einzelhandel Niedersachsen schließt einen Tarifvertrag ab mit den Gewerkschaften Verdi und NGG. Es handelt sich um einen mehrgliedrigen Tarifvertrag.

Steht auf jeder Seite nur ein Beteiligter, spricht man auch von **einseitigen** Tarifverträgen.

Beispiel: Der Arbeitgeberverband Einzelhandel Niedersachsen schließt einen Tarifvertrag mit Verdi ab.

2.3 Haustarifverträge

Diese werden auch als Firmentarifverträge bezeichnet. Hier schließt ein Unternehmer einen Tarifvertrag mit einer oder mehreren Gewerkschaften ab. Der Tarifvertrag gilt dementsprechend nur für dieses Unternehmen und die dort Beschäftigten.

IV. Abschluss von Tarifverträgen

Für einen wirksamen Tarifvertrag und damit auch für Ansprüche auf dem Tarifvertrag müssen folgende Voraussetzungen gegeben sein:

- Schriftform, § 1 Abs. 2 TVG,
- Tariffähigkeit, § 2 TVG,
- ein zulässiger Inhalt und
- Tarifzuständigkeit.

1. Schriftform

Grundvoraussetzung ist, dass der Tarifvertrag der gesetzlichen Schriftform nach § 126 BGB genügt. Ein Verstoß gegen die Schriftform führt immer zur Nichtigkeit des Vertrages. Dabei hat das Schriftformerfordernis – anders als im sonstigen Zivilrecht – nicht etwa eine Warnfunktion sondern trägt dem normativen Charakter der tariflichen Bestimmungen Rechnung und dient somit der Klarstellung und Bestimmtheit. Derjenige, der den Regelungen des Tarifvertrages unterliegt soll sich allein durch Blick in den Tarifvertrag über die geltenden Bestimmungen Gewissheit verschaffen können.

2. Tariffähigkeit

2.1 Begriff

Tariffähigkeit ist die Fähigkeit, Partei eines Tarifvertrages zu sein. Gemäß § 2 Abs. 1 TVG können Tarifverträge abgeschlossen werden von:

- jedem einzelnen Arbeitgeber,
- jeder Vereinigung von Arbeitgebern (Arbeitgeberverbände) sowie
- von Gewerkschaften.

Dabei sind die Voraussetzungen für eine Tariffähigkeit bei Arbeitgeberverbänden und Gewerkschaften im Wesentlichen dieselben.

2.2 Voraussetzungen einer tariffähigen Organisation

2.2.1 Koalition

Grundvoraussetzung der Tariffähigkeit ist zunächst, dass die Vereinigung von Arbeitgebern oder Arbeitnehmern die Merkmale einer Koalition i.S.v. Art. 9 Abs. 3 GG erfüllt. Damit müssen folgende Kriterien erfüllt sein:

2.2.1.1 Freiwilliger Zusammenschluss

Die Bildung und Organisation einer Koalition ist stets freiwillig. Zwangsmitgliedschaften schließen sich daher grundsätzlich aus. Eine Ausnahme dazu bilden die Handwerksinnungen, diese sind tariffähig, obwohl, es sich um Zwangsmitgliedschaften handelt, (vgl. § 54 Abs. 3 Nr. 1 HwO).

2.2.1.2 überbetriebliche Organisation

Dies bedeutet, dass die Mitgliedschaft in der Koalition und der Bestand des Arbeitsverhältnisses voneinander unabhängig sein müssen – sonst bestünde die Gefahr, dass der Arbeitgeber durch personelle Einzelmaßnahmen (Kündigung oder Versetzung) Einfluss auf den Mitgliederbestand der Koalition nehmen könnte.

2.2.1.3 Auf Dauer angelegt

Hierunter versteht man das Verbot der sogenannten Ad-hoc-Koalition. Danach ist es untersagt, eine Koalition nur für einen bestimmten Zweck zu bilden in der Absicht, die Koalition aufzulösen, wenn der Zweck erreicht ist.

2.2.1.4 Gegnerfreiheit

Der soziale Gegenspieler darf keinen Einfluss auf die Willensbildung der Koalition ausüben können. Ehrenmitgliedschaften sind durchaus gängig und erlaubt, sie dürfen aber nicht mit Stimmrechten verbunden sein.

2.2.1.5 Unabhängigkeit von Staat, Kirche und Parteien

Hierbei ist eine gewisse Tendenz unschädlich (wie z.B. bei der Christlichen Gewerkschaft Metall), allerdings darf auch hier keine Möglichkeit vorhanden sein, dass Staat, Kirche oder Parteien den Willen von Koalitionen steuern.

2.2.1.6 Demokratische Willensbildung

Die Koalitionen entscheiden durch die Abstimmungen ihrer Mitglieder.

2.2.1.7 Förderung der Arbeits- / Wirtschaftsbedingungen

Satzungsmäßiges Ziel ist die Wahrung und Förderung der Arbeits- und Wirtschaftsbedingungen, dies folgt bereits aus Art. 9 Abs. 3 GG.

2.2.2 Soziale Mächtigkeit

Bei Vereinigungen von Arbeitnehmern reicht es nicht aus, wenn die Voraussetzungen einer Koalition iSv. Art 9 Abs. 3 GG vorliegen. Daneben muss noch ein weiteres und entscheidendes Kriterium hinzukommen, nämlich die sog. soziale Mächtigkeit. Dies ist nichts anderes als die Fähigkeit, den sozialen Gegenspieler unter Druck setzen zu können. Arbeitgeber und Arbeit-gebervereinigungen müssen diese Durchsetzungskraft nicht mit sich bringen.

Ob eine Vereinigung von Arbeitnehmern soziale Mächtigkeit besitzt oder nicht, wird von Fall zu Fall entschieden. Folgende Umstände sind dafür heranzuziehen:

1. Vorrangig ist danach zu fragen, ob die Vereinigung von Arbeitnehmern eine ausreichend große Mitgliederzahl hat. Ausnahmen:
   - Die Mitglieder der Vereinigung arbeiten in Schlüsselpositionen (wie z.B. bei Cockpit).
   - Die Vereinigung von Arbeitnehmern befindet sich noch in der Gründungsphase (ca. 2 Jahre).

2. Die Arbeitnehmervereinigung hat bereits Tarifverträge abgeschlossen.
   - Allerdings darf es sich nicht nur um „Gefälligkeitstarifverträge" handeln. Die Arbeitgeberseite muss sich ernsthaft auf Verhandlungen mit der Arbeitnehmervereinigung eingelassen haben.

Die Arbeitnehmervereinigung muss über eine Organisation verfügen, die es ihr ermöglicht, ihre satzungsmäßig festgelegten Ziele auch zu verwirklichen. Das bedeutet auch, dass sie in der Lage sein muss, einen Arbeitskampf zu organisieren und durchzuführen. Die Frage dieser Leistungsfähigkeit wird anhand von Finanzkraft, personeller und materieller Ausstattung beantwortet.

Beispiel: Tariffähigkeit der BTÜ?
(BAG, Beschluss vom 6.6.2000 - 1 ABR 10/99 -Voraussetzungen der Gewerkschaftseigenschaft)

Fundstellen: AP Nr. 55 zu § 2 TVG; EzA Nr. 24 zu § 2 TVG; NZA 2001, 160-163; DB 2001, 103-104

Der BTÜ (Interessenverband "Bedienstete der Technischen Überwachung" hat nach § 2 Abs. 1 der Satzung vom 22. September 1995 u.a. die Aufgabe, die Arbeitsbedingungen seiner Mitglieder durch Abschluss von Tarifverträgen zu verbessern, er bekennt sich nach § 15 Abs. 1 der Satzung zum Arbeitskampf als Mittel zur Durchsetzung gewerkschaftlicher Forderungen. Er ist Mitglied im Bayerischen Beamtenbund e.V., der seinerseits Mitglied im Deutschen Beamtenbund ist. Mitglieder des BTÜ können nach § 3 der Satzung alle aktiven und alle im Ruhestand befindlichen Mitarbeiterinnen und Mitarbeiter des TÜV Bayern Sachsen e.V., der TÜV Bayern Holding AG sowie jedes Unternehmens sein, an denen der TÜV Bayern Sachsen e.V. und die TÜV Bayern Holding AG (TÜV Bayern Gruppe) beteiligt sind, außerdem alle aktiven und alle im Ruhestand befindlichen Mitarbeiterinnen und Mitarbeiter von Unternehmen, die auf dem Gebiet der technischen Überwachung und der technischen Kontrolle tätig sind. Zwischen dem BTÜ und dem TÜV Bayern Sachsen e.V. sowie der TÜV Bayern Holding AG (jetzt TÜV Süddeutschland Holding AG) wurde am 14. August 1996 ein "Haustarifvertrag" geschlossen über die Arbeitsbefreiung von Arbeitnehmern für Verbandstätigkeiten beim BTÜ unter Fortzahlung der Vergütung. Darüber hinaus schloss der BTÜ für den TÜV Zuordnungstarifverträge gemäß § 3 Abs. 1 Nr. 3 BetrVG, deren Genehmigung nach § 3 Abs. 2 BetrVG aussteht. Nach eigenen Angaben hatte der BTÜ per 31. Dezember 1997 rund 1600 Mitglieder, davon 1180 im aktiven Dienst. Ursprünglich waren die gesamten Vorstandsmitglieder des BTÜ ehrenamtlich tätig. Die anfallenden Büroarbeiten wurden von ehrenamtlichen Mitgliedern und selbständigen Schreibbüros erledigt. Die Information von BTÜ-Mitgliedern sowie die Versendung des vierteljährlich erscheinenden Informationsblattes "Optümal" erfolgte zum Teil innerhalb der Betriebe mit der Hauspost der Arbeitgeber. Der BTÜ war in den Geschäftsräumen der TÜV Bayerngruppe in einem 17 qm großen Büro untergebracht. Darüber, einschließlich der "zugehörigen Büroausstattung und Infrastruktur (z.B. Kommunikationseinrichtungen, interne Dienste)" wurde eine Vereinbarung vom 14. März 1996 geschlossen, wonach er eine "jährliche Unkostenpauschale" von 6.000,00 DM zahlen musste. Der Einzug der Mitgliedsbeiträge erfolgte zunächst über die Gehaltsabrechnung bei den jeweiligen Arbeitgebern. Am 14. Januar 1998 fand zwischen dem BTÜ und der TÜV Süddeutschland Holding AG ein

Gespräch über Tarifverhandlungen über Entgelte und Arbeitsbedingungen in deren Gesellschaften statt, wonach Ende Januar 1998 die konkreten Verhandlungen über einen Entgelttarifvertrag aufgenommen werden sollten. Die Gewerkschaft ÖTV hat die Auffassung vertreten, dem BTÜ fehle zur Gewerkschaftseigenschaft die Tariffähigkeit, insbesondere die Durchsetzungskraft und der organisatorische Aufbau, der ihn in die Lage versetzen würde, die satzungsgemäßen Aufgaben zu erfüllen. Der BTÜ verfüge auch nicht über eine ausreichende Mitgliederzahl. Es bestünden angesichts der ihm zu besonders günstigen Konditionen überlassenen Räumlichkeiten Zweifel an der Gegnerfreiheit. Die bisher abgeschlossenen "Tarifverträge" ließen keinen Schluss auf eine ernst zu nehmende Durchsetzungskraft zu. Bei den Zuordnungstarifverträgen habe sich der BTÜ ohnehin nur an von ihr abgeschlossene Tarifverträge "angehängt". Der BTÜ hat die Auffassung vertreten, er erfülle alle erforderlichen Voraussetzungen, verfüge insbesondere über eine hinreichende Durchsetzungskraft. Die Unkostenpauschale in Höhe von 6.000,00 DM jährlich für den Büroraum sei angemessen und stelle keine verdeckte Subvention dar. Mittlerweile habe er ein weiteres Büro angemietet und einen hauptberuflichen Geschäftsführer und eine Bürokraft eingestellt. Sein Organisationsgrad sei in den Betrieben, in denen beide Beteiligten vertreten seien, höher als derjenige der ÖTV. Er verfüge über Beitragsrücklagen im Umfang von 2,5 Jahresbeiträgen bzw. 660.000,00 DM und sei organisatorisch jederzeit in der Lage, die satzungsmäßigen Ziele durchzusetzen. Mit dem Abschluss der Zuordnungstarifverträge habe er sich nicht an die Gewerkschaft ÖTV „angehängt", vielmehr seien diese originär von ihm ausgehandelt und vereinbart worden. Handelt es sich bei der BTÜ um eine tariffähige Arbeitnehmervereinigung?

I. Zulässigkeit des Antrags der ÖTV

1. Rechtswegzuständigkeit und richtige Verfahrensart

Die Prüfung der Tariffähigkeit einer Vereinigung erfolgt gemäß § 2 a Abs. 1 Nr. 4 i.V.m. § 97 ArbGG im Beschlussverfahren. Das Beschlussverfahren ist eine besondere arbeitsrechtliche Verfahrensart zur Klärung kollektivrechtlicher Streitigkeiten. Geregelt ist das Beschlussverfahren §§ 80 ff ArbGG. Bedeutendster Unterschied zum Urteilsverfahren ist der Untersuchungsgrundsatz: Das Gericht prüft im Beschlussverfahren von Amts wegen, § 83 Abs. 1 S. 2 ArbGG. Außerdem ist die Parteibezeichnung eine andere: Statt von Kläger und Beklagten wie im Urteilsverfahren spricht man im Beschlussverfahren von Antragsteller und Antragsgegner. Das Gericht entscheidet nicht durch Urteil, sondern durch Beschluss, § 84 ArbGG.

2. Örtliche Zuständigkeit, § 82 ArbGG

Gemäß § 82 ArbGG gilt für das Beschlussverfahren der ausschließliche Gerichtsstand am Sitz des Betriebs oder Unternehmens.

Daher kann weder durch Parteivereinbarung noch durch rügeloses Einlassen ein abweichender Gerichtsstand begründet werden, (vgl. §§ 40 Abs. 2 Nr. 2, 40 Abs. 2 Nr. 2, 39 ZPO).

3. Ordnungsgemäßer Antrag, § 81 ArbGG

§ 253 Abs. 2 Nr. 2 ZPO gilt im arbeitsgerichtlichen Beschlussverfahren entsprechend. Daher muss auch hier ein hinreichend bestimmter Antrag gestellt werden. Ebenso wie im Urteilsverfahren unterscheidet auch das Beschlussverfahren zwischen Leistungs-, Feststellungs- und Gestaltungsanträgen. Die ÖTV hat einen Feststellungsantrag gestellt. Das hierfür erforderliche Feststellungsinteresse ergibt sich daraus, dass eine rechtskräftige Entscheidung über die Tariffähigkeit Wirkung hat für alle und gegen alle.

4. Beteiligtenfähigkeit, § 10 ArbGG

§ 10 ArbGG regelt eine erweiterte Beteiligtenfähigkeit. Insbesondere sind Gewerkschaften trotz der fehlenden Rechtsfähigkeit beteiligtenfähig. Somit sind sowohl die BTÜ als auch die ÖTV beteiligtenfähig i.S.v. § 10 ArbGG.

5. Antragsbefugnis, § 97

Die ÖTV ist antragsbefugt gemäß § 97 ArbGG. Antragsberechtigt nach § 97 Abs. 1 ArbGG ist eine räumlich und sachlich zuständige Vereinigung von Arbeitnehmern. Ausreichend ist dabei, wenn sich der räumliche und sachliche Zuständigkeitsbereich der antragstellenden Vereinigung zumindest teilweise mit den Zuständigkeitsbereichen der Vereinigung deckt, deren Tariffähigkeit bestritten wird. Der Zuständigkeitsbereich der ÖTV erstreckt sich auf das Gebiet der Bundesrepublik Deutschland. Dabei beinhaltet die Satzung der ÖTV auch die Zuständigkeit für Betriebe des TÜVs. Damit überschneiden sich die Zuständigkeitsbereiche von BTÜ und ÖTV.

II. Begründetheit des Antrags

Der Feststellungsantrag der ÖTV ist begründet, wenn es sich bei der BTÜ nicht um eine tariffähige Vereinigung von Arbeitnehmern i.S.v. § 2 TVG handelt.

1. Koalitionsfähigkeit der BTÜ

Zunächst müsste es sich bei der BTÜ um eine Koalition i.S.v. Art 9 Abs. 3 GG handeln.

1.1. Satzungsmäßiges Ziel

Der BTÜ hat sich gemäß § 2 Abs. 1 und § 14 seiner Satzung zur Aufgabe gemacht, die Interessen seiner Mitglieder in ihrer Eigenschaft als Arbeitnehmer wahrzunehmen und ist auch willens, Tarifverträge abzuschließen. Das satzungsmäßige Ziel liegt daher in der Wahrung und Förderung der Arbeits- und Wirtschaftsbedingungen.

1.2. Freiwilliger Zusammenschluss

Der BTÜ ist auch freiwillig gebildet und erkennt das geltende Tarifrecht als verbindlich an.

1.3. Überbetriebliche Organisation

Der BTÜ ist auch auf überbetrieblicher Grundlage organisiert. Da gemäß § 3 Abs. 1 der Satzung Mitglied des BTÜ letztlich alle aktiven und alle im Ruhestand befindlichen Mitarbeiterinnen und Mitarbeiter von Unternehmen sein können, die auf dem Gebiet der technischen Überwachung und der technischen Kontrolle tätig sind, ist sein Wirkungskreis nicht auf den Bereich einer Unternehmensgruppe oder eines Konzerns beschränkt.

1.4. auf Dauer angelegt

Die BTÜ hat sich nicht nur für einen bestimmten Zweck, sondern auf Dauer gebildet.

1.5. Unabhängigkeit

Anhaltspunkte für eine Abhängigkeit der BTÜ von Staat, Kirche oder Partei liegen nicht vor.

1.6. Gegnerfreiheit

Problematisch ist die Gegnerfreiheit der BTÜ. Hier fällt insbesondere auf, dass die Mitgliedsbeiträge der BTÜ direkt von den Lohnkonten überwiesen werden. Damit eröffnet sich die Gefahr, dass der Arbeitgeber die Weitergabe der Mitgliedsbeiträge blockieren könnte. Auch die Verteilung des Informationsblatts „Optümal" über die Hauspost des Arbeitgebers eröffnet für diesen unerwünschte Einflussmöglichkeiten.

1.7. Demokratische Willensbildung

Soweit die Mitglieder der BTÜ durch Abstimmung entscheiden und somit den Willen der BTÜ lenken, liegt eine demokratische Willensbildung vor.

2. Soziale Mächtigkeit

Ob eine Arbeitnehmervereinigung eine hinreichende Durchsetzungsfähigkeit besitzt, muss aufgrund aller Umstände im Einzelfall festgestellt werden.

2.1. Mitgliederzahl

Der Mitgliederzahl kommt grundlegende Bedeutung zu. Die Mitgliederzahl des BTÜ spricht nicht für dessen Durchsetzungsfähigkeit. Nach eigenen Angaben hat der BTÜ rund 1600 Mitglieder (darunter ca. 400 Pensionäre), die sich auf die TÜV Süddeutschland Gruppe konzentrieren. Da der BTÜ eine Tarifzuständigkeit bundesweit für den gesamten Bereich der technischen Überwachung und technischen Kontrolle in Anspruch nimmt, reicht diese Mitgliederzahl nicht aus, damit die BTÜ hinreichenden Druck auf die Gegenseite ausüben kann. Dies gilt selbst dann, wenn man von einem vom BTÜ behaupteten durchschnittlichen Organisationsgrad von 14 % in denjenigen Unternehmen ausgehen wollte, in denen er überhaupt vertreten ist.

Zwar kann ausnahmsweise auch bei einer nur kleinen Zahl von Mitgliedern die Möglichkeit einer empfindlichen Druckausübung bestehen, wenn es sich dabei vorwiegend um Spezialisten in Schlüsselstellungen handelt - etwa Piloten. Hierfür fehlen aber hinsichtlich der Mitglieder des BTÜ jegliche Anhaltspunkte.

2.2. Abschluss von Tarifverträgen

Darüber hinaus kann sich die Durchsetzungskraft darin zeigen, dass die Arbeitnehmervereinigung schon aktiv in den Prozess der tariflichen Regelung von Arbeitsbedingungen eingegriffen hat. Der BTÜ hat bislang noch nicht ernsthaft in den Prozess der tariflichen Regelung von Arbeitsbedingungen eingegriffen. Zwar hat er einen "Haustarifvertrag" zur Arbeitsbefreiung für Verbandstätigkeiten abgeschlossen. Darauf kommt es jedoch nicht an. Zum einen besagt der einmalige selbständige Abschluss eines Firmentarifvertrages noch nichts über die Durchsetzungsfähigkeit einer Koalition. Entscheidend ist aber vor allem, dass es sich dabei nicht einmal um die Regelung von Arbeitsbedingungen im eigentlichen Sinne für alle Arbeitnehmer handelt, sondern nur um eine Sonderregelung für Funktionäre des BTÜ, die eher die Annahme einer Gefälligkeitsregelung nahe legt. Aus dem Abschluss eines solchen Haustarifvertrages lassen sich keine Schlussfolgerungen hinsichtlich der Durchsetzungsfähigkeit des BTÜ zugunsten der potentiell tarifunterworfenen Arbeitnehmer ziehen. Soweit der BTÜ mehrere Zuordnungstarifverträge nach § 3 Abs. 1 Nr. 3 BetrVG abgeschlossen hat, lassen sich hieraus gleichfalls keine Schlussfolgerungen über seine Durchsetzungskraft ziehen. Auch hier geht es nicht um tarifliche Inhaltsnormen, die die Arbeitsbedingungen der einzelnen tarifunterworfenen Arbeitnehmer regeln, sondern nur um organisatorische Fragen der Zuordnung von Betriebsteilen und Nebenbetrieben.

Soweit der BTÜ Verhandlungen über einen Entgelttarifvertrag angestrebt hatte, führt das zu keiner anderen Bewertung. Jedenfalls sind solche Verhandlungen, soweit sie überhaupt schon in Gang gekommen waren, nicht weitergeführt worden. Der BTÜ hat nicht soviel Druck ausüben können, um zu erreichen, dass die Verhandlungen um einen Entgelttarifvertrag von der Arbeitgeberseite fortgeführt wurden.

2.3. ausreichende Organisation

Der BTÜ ist auch vom organisatorischen Aufbau her nicht erkennbar in der Lage, die Aufgaben zu erfüllen, die an eine tariffähige Gewerkschaft gestellt werden. Der Abschluss von Tarifverträgen erfordert Vorbereitungen. So sind die konjunkturellen Entwicklungen und sonstigen Rahmenbedingungen zu beobachten und zu prognostizieren, um daraus die Tarifforderungen zu entwickeln. Zum anderen muss auch die tatsächliche Durchführung eines Tarifvertrages überwacht und abgesichert werden. Das Verhandlungsergebnis, das regelmäßig Kompromisscharakter hat, muss verbandsintern vermittelt und durchgesetzt werden. Dies alles muss eine Arbeitnehmervereinigung sicherstellen, um als Tarifvertragspartei Tarifverträge abschließen zu können. Die begrenzten sachlichen und personellen Mittel des BTÜ lassen den Schluss auf eine entsprechende Leistungsfähigkeit nicht zu. Der BTÜ hat in den Räumen einer Arbeitgeberin ein 17 qm großes Büro. Daneben besteht nach seinen eigenen Angaben ein weiteres Büro. Er beschäftigt einen hauptberuflichen Geschäftsführer und eine Bürokraft. Die Vorstandsmitglieder sind ehrenamtlich tätig. Es ist nicht ersichtlich, wie der BTÜ mit dieser infrastrukturellen Ausstattung ernsthaft und eindrucksvoll Tarifverhandlungen führen will.

2.4. finanzielle, sachliche und personelle Ausstattung der BTÜ
Auch die Ausstattung des BTÜ spricht gegen seine Tariffähigkeit. Zwar wurden 660.000 DM als Rücklage gebildet. Für jedes Mitglied stünden damit aber im Falle des Arbeitskampfes gerade einmal rund 560,00 DM als Streikunterstützung zur Verfügung. Dieser Betrag reicht auf keinen Fall aus, um einen Arbeitskampf über längere Zeit zu führen. Außerdem ist noch nicht berücksichtigt, dass im Arbeitskampf auch noch andere Kosten anfallen als die finanzielle Unterstützung der Streikenden. So werden Plakate gekauft, Streikbüros und Fahrdienste eingerichtet usw. Für derartige Kosten reichen die Rücklagen der BTÜ nicht aus.

3. Ergebnis: Der Antrag der ÖTV ist zulässig und begründet. Die BTÜ ist schon mangels sozialer Mächtigkeit keine tariffähige Vereinigung.

2.3 Tarifzuständigkeit

2.3.1 Begriff

Dies ist die in der Satzung eines tariffähigen Verbandes festgelegte Befugnis, Tarifverträge in einem bestimmten räumlichen, betrieblichen und persönlichen Geltungsbereich abzuschließen. Die Tarifzuständigkeit regelt damit, wo und für wen der Tarifvertrag gelten soll. Außerdem wird festgelegt, für welche Branche die tariflichen Bestimmungen gelten sollen. Damit droht aber die Gefahr von Überschneidungen. Es ist nicht ausgeschlossen, dass sich mehrere Gewerkschaften gleichzeitig dieselbe Tarifzuständigkeit geben. Oder mehrere Gewerkschaften erklären sich für alle Arbeitsverhältnisse aller Beschäftigten auf der ganzen Welt für zuständig. Daraus kann sich dann das Problem ergeben, dass unklar ist, welcher Tarifvertrag nun tatsächlich gilt. Weitgehend vermieden wird ein solches Überschneiden von Zuständigkeiten bereits durch die Organisation der Verbände nach dem Industrieverbandsprinzip.

Die Verbände haben sich selbst in ihren Satzungen nur für bestimmte Branchen die Tarifzuständigkeit gegeben. Bereits an dem Namen der Organisation kann man die Tarifzuständigkeit erkennen:

- GEW: Gewerkschaft Erziehung / Wissenschaft
- NGG: Nahrung Genuss Gaststätten
- IG Metall: Industriegewerkschaft für die Metallverarbeitung
- DEHOGA: Deutscher Hotel- und Gaststättenverband

Die Gewerkschaften sind übrigens – im Gegensatz zu den Arbeitgeberverbänden – keine rechtsfähigen Vereine und tragen deswegen auch kein „e.V." im Namen. Dies hat einen historischen Hintergrund und beruht auf dem Umstand, dass die für die Rechtsfähigkeit erforderliche Eintragung in das Vereinsregister mit der Offenlegung der Mitgliedernamen der Gewerkschaft verbunden war. Um dies zu vermeiden, verzichteten die Gewerkschaften auf die Eintragung und damit auch auf die Rechtsfähigkeit. Heute bestünde natürlich keine Gefahr mehr, dass durch die Eintragung Einblick in die Mitgliederliste verschafft würde. Die Arbeitgeberverbände hingegen sind rechtsfähige Vereine und führen daher das „e.V.".

Ergeben sich dennoch trotz des Industrieverbandsprinzips Überschneidungen bei der Tarifzuständigkeit, unterwerfen sich Gewerkschaften, die sich unter dem DGB (Deutscher Gewerkschaftsbund) organisiert haben, einem internen Schlichtungsverfahren, um die Frage der Zuständigkeit zu klären. Hilft auch dies nicht weiter, klären die Arbeitsgerichte die Zuständigkeiten abschließend.

2.3.2 Folgen der Tarifzuständigkeit

Ist ein Arbeitgeber Mitglied eines Arbeitgeberverbandes, der einen Flächentarifvertrag abschließt, gilt dieser Tarifvertrag bei vorhandener Tarifzuständigkeit auch für den Arbeitgeber. Dabei werden die Arbeitsbedingungen einheitlich für die ganze Branche festgelegt. Die individuellen Verhältnisse einzelner Arbeitgeber spielen daher keine Rolle.

2.3.3. Sonderproblem: OT-Mitgliedschaften

Neuerdings tauchen in der Diskussion zwischen Rechtsprechung und Literatur die sog. OT-Mitgliedschaften vermehrt auf. Darunter versteht man Mitgliedschaften in Arbeitgeberverbänden, die nicht die Bindung an den abgeschlossenen Tarifvertrag zur Folge haben. Auf diese Art und Weise können Arbeitgeber den Verpflichtungen aus den „starren“ Flächentarifverträgen entgehen, ohne auf die Vorteile einer Verbandsmitgliedschaft – insbesondere den Rechtsschutz – verzichten zu müssen. Insbesondere die Literatur befürchtet in den ansteigenden OT-Mitgliedschaften eine Schwächung der Tarifautonomie der Arbeitgeberverbände.

Beispiel: Anspruch auf tariflichen Mehrurlaub?
W ist Inhaber eines 4-Sterne-Hotels in Niedersachsen. Er beschäftigt insgesamt 34 Mitarbeiter. W ist OT-Mitglied des DEHOGA-Verbandes Niedersachsen. In der Satzung hat der Verband bestimmt, dass OT-Mitglieder keinerlei Stimmrechte ausüben dürfen, soweit Gegenstand von Abstimmungen der Abschluss von Tarifverträgen oder sonstige tarifliche Betätigungen des Verbandes sind. Im Übrigen entsprechen die Rechte und Pflichten der OT-Mitglieder denen der Vollmitglieder. Insgesamt gehören 153 Arbeitgeber dem DEHOGA-Verband an, von denen sich 34 für eine OT-Mitgliedschaft entschieden haben. S ist Mitglied bei Verdi und wird als Koch bei W beschäftigt. Der Landesverband Verdi Niedersachsen hat mit dem DEHOGA-Verband Niedersachsen einen Tarifvertrag abgeschlossen, nach dem den Arbeitnehmern ein jährlicher Mindesturlaubsanspruch von 30 Tagen zusteht. S, der in einer Sechs-Tage-Woche bei W beschäftigt wird, hat bereits 24 Tage Urlaub genommen. Er verlangt von W weitere 6 Tage Urlaub für das laufende Jahr. Zu Recht?

Lösung

1. Urlaubsanspruch gemäß § 1 BUrlG
S könnte gegen W einen Anspruch auf Gewährung von 6 Tagen Urlaub aus § 1 BUrlG haben. S ist Arbeitnehmer des W, so dass grundsätzlich ein Anspruch auf Urlaub besteht.

2. Erlöschen des Urlaubsanspruchs
Der Urlaubsanspruch des S für das laufende Jahr könnte bereits erfüllt und damit erloschen sein, § 362 Abs. 1 BGB. Gemäß § 3 Abs. 1 BUrlG besteht ein Anspruch auf 24 Tage Urlaub pro Jahr. Da S bereits 24 Tage Urlaub genommen hat, ist sein Jahresurlaubsanspruch erfüllt und damit erloschen.

3. § 1 BUrlG i.V.m. Tarifvertrag
S könnte gemäß § 1 BUrlG i.V.m. dem Tarifvertrag einen Anspruch auf weitere 6 Tage Urlaub aus dem Tarifvertrag zwischen dem DEHOGA-Verband und Verdi haben. Dazu müsste ein wirksamer Tarifvertrag vorliegen und dieser auf das Arbeitsverhältnis zwischen S und W anwendbar sein.

3.1. Wirksamer Tarifvertrag

Zunächst müsste der Tarifvertrag zwischen Verdi und DEHOGA wirksam sein. Dazu müsste es sich bei der Verdi und der DEHOGA um tariffähige Vereinigungen handeln.

3.1.1. Tariffähigkeit des Arbeitgeberverbandes

Zweifel an der Tariffähigkeit des Arbeitgeberverbands könnten sich aus der satzungsmäßigen Organisation ergeben. Nach der Satzung des Arbeitgeberverbandes setzt dieser sich sowohl aus Mitgliedern zusammen, die der zwingenden und unmittelbaren Wirkung des Tarifvertrages unterliegen wollen, als auch von Arbeitgebern, die nicht durch die Tarifverträge verpflichtet werden wollen. Dies könnte für eine Organisationsstruktur sprechen, bei der die Tariffähigkeit lediglich auf die tarifwilligen Mitglieder beschränkt wäre. Der Verband wäre dann selbst nicht tariffähig. Folglich könnte er auch nicht Partei eines Tarifvertrages sein. Allerdings lässt sich aus der Satzung keinerlei organisatorische Trennung der tarifwilligen von den tarifunwilligen Mitgliedern erkennen. Vielmehr werden – mit Ausnahme der Stimmrechte – die Rechte und Pflichten aller Mitglieder einheitlich geregelt. Die Tariffähigkeit besteht daher bei dem Verband selbst.

3.1.2. Tarifwilligkeit

Fraglich ist dann jedoch, ob der Verband, der ebenso aus Mitgliedern besteht, die erkennbar tarifunwillig sind, insgesamt noch die Voraussetzung der Tarifwilligkeit erfüllt. Soweit bei dem DEHOGA-Verband Niedersachsen sich aber nur 34 der insgesamt 153 Arbeitgeber für die OT-Mitgliedschaft entschieden haben, ist dies lediglich ein kleiner Teil der Mitglieder. Die Vollmitgliedschaft bildet daher nach wie vor den Regelfall. Wegen der geringen Anzahl der OT-Mitglieder ist eine Beeinträchtigung der Tarifwilligkeit nicht zu befürchten. Der Verband verfolgt mit der Mehrheit seiner Mitglieder das Ziel, die Arbeits- und Wirtschaftsbedingungen durch Tarifvertrag zu regeln.

3.1.3. Demokratische Organisation

Um ein tariffähiger Verband zu sein, müsste der DEHOGA-Verband außerdem demokratisch legitimiert und in seiner Willensbildung unabhängig von fremden Weisungen sein. Diese Voraussetzung der Tariffähigkeit könnte allenfalls dann zweifelhaft sein, wenn die OT-Mitglieder auf die Tarifpolitik des Verbandes einen erheblichen Einfluss ausüben könnten. Das ist schon dadurch ausgeschlossen, dass die OT-Mitglieder keinerlei Stimmrechte in tariflichen oder tarifpolitischen Angelegenheiten ausüben können und insoweit auch keinerlei Einfluss auf die Willensbildung des Verbandes ausüben können. Folglich handelt es sich bei DEHOGA Niedersachsen um eine tariffähige Koalition.

3.2. Tariffähigkeit der Gewerkschaft

Von der Tariffähigkeit der Verdi Niedersachsen ist auszugehen.

3.3. Sonstige Voraussetzungen

Mangels anderer Angaben im Sachverhalt kann von einem wirksamen Tarifvertragsabschluss zwischen DEHOGA Niedersachsen und Verdi Niedersachsen ausgegangen werden.

4. Anwendbarkeit des Tarifvertrages auf den Arbeitsvertrag

Der Tarifvertrag müsste außerdem auf das Arbeitsverhältnis zwischen W und S Anwendung finden. Das könnte schon deswegen nicht der Fall sein, weil W lediglich eine sog. OT-Mitgliedschaft bei DEHOGA Niedersachsen eingegangen ist.

4.1. Begrenzung der Tarifzuständigkeit in der Verbandssatzung

Grundsätzlich unterfällt es der Satzungsautonomie der Koalitionen, ihre Zuständigkeit frei selbst zu bestimmen. Die in der Satzung von DEHOGA geregelte OT-Mitgliedschaft könnte eine Begrenzung der Zuständigkeit darstellen. Hierfür ist zunächst erforderlich, dass die Beschränkung durch abstrakt-generelle Kriterien beschrieben wird, die es ermöglichen, aus der Satzung selbst – ggf. durch Auslegung – den Personenkreis zu ermitteln, für den der Verband dann noch tarifzuständig ist. Durch die ausdrückliche Trennung zwischen „Vollmitgliedern“ und „OT-Mitgliedern“ in der Verbandssatzung sind klar abgrenzbare und bestimmbare Personengruppen gebildet worden, so dass die Verbandssatzung bezüglich der Zuständigkeit hinreichend bestimmt ist.

4.2. Zulässigkeit der Begrenzung

Es ist streitig, ob eine derartige Begrenzung der Zuständigkeit überhaupt zulässig ist. Zum Teil wird die Auffassung vertreten, eine Umgehung der Tarifbindung nach § 3 Abs. 1 TVG sei nicht durch Beschränkung der Tarifzuständigkeit möglich. Jedes Mitglied eines Verbandes sei tarifgebunden. Eine finanzielle und ideelle Unterstützung durch Nicht-Mitglieder störe die Tarifparität, also das Verhandlungsgleichgewicht der Tarifparteien. Außerdem seien alle Mitglieder gleich zu behandeln. Dies gelte sowohl für die Beiträge als auch für die Stimmrechte.

Die h.M. bejaht die Möglichkeit der Begrenzung der Zuständigkeit in den Satzungen der Verbände. Bereits Art. 9 Abs. 3 GG und die damit geschützte Satzungsautonomie erlaube die Begrenzung der Zuständigkeit. Verbandsrechtlich sei daher eine Ungleichbehandlung der Mitglieder gerechtfertigt. Der h.M. ist zu folgen. Art. 9 Abs. 3 GG erlaubt den Verbänden eine autonome Satzungsbefugnis und eine umfassende Regelungsbefugnis ihrer eigenen Zuständigkeit. Damit ist DEHOGA Niedersachsen für das Arbeitsverhältnis zwischen W und S nicht zuständig.

5. Ergebnis: Mangels Zuständigkeit findet der Tarifvertrag mit seiner Urlaubsdauerregelung keine Anwendung auf das Arbeitsverhältnis zwischen W und S. S hat damit keinen Anspruch aus § 1 BUrlG auf weiteren Urlaub.

V. Zulässiger Inhalt eines Tarifvertrages

1. Schuldrechtlicher Teil

Der schuldrechtliche Teil des Tarifvertrages verpflichtet grundsätzlich nur die tarifschließenden Verbände. Bestandteile eines jeden Tarifvertrages sind:

1.1 Durchführungspflicht

Hierbei handelt es sich um eine der wichtigsten tariflichen Verpflichtungen. Die Durchführungspflicht verpflichtet die Tarifparteien, die getroffenen Vereinbarungen selbst umzusetzen.

1.2 Friedenspflicht

Die Friedenspflicht verpflichtet die Tarifparteien, während der Laufzeit des Tarifvertrages keine Kampfmaßnahmen (Streik, Aussperrung) zu ergreifen. Zu unterscheiden sind **relative** und **absolute** Friedenspflicht. Die absolute Friedenspflicht untersagt **jede Kampfhandlung** während der Laufzeit des Tarifvertrages und zwar auch dann, wenn der Streitgegenstand nicht im Tarifvertrag geregelt ist. Für die absolute Friedenspflicht ist nach h.M. eine besondere Vereinbarung erforderlich. Bei der relativen Friedenspflicht sind Arbeitskämpfe wegen aller tariflich geregelten Punkte verboten.

1.3. Einwirkungspflicht

Nicht nur die Tarifparteien selbst sind zu Einhaltung des Tarifvertrages verpflichtet. Sie müssen außerdem auch mit verbandsrechtlichen Mitteln dafür sorgen, dass ihre Mitglieder den Tarifvertrag einhalten. Bei Verletzung der Einwirkungspflicht steht über die Einwirkungsklage der Rechtsweg zu den Arbeitsgerichten offen.

2. Normativer Teil

Der normative Teil enthält den für den tarifgebundenen Arbeitnehmer bzw. Arbeitgeber interessanten Teil. Hier werden die dem Tarifvertrag unterliegenden Arbeitsverhältnisse unmittelbar geregelt. Der Inhalt des normativen Teils bestimmt sich durch

- Abschlussnormen,
- Inhaltsnormen,
- Beendigungsnormen,

- Betriebliche und Betriebsverfassungsrechtliche Normen und
- Normen über gemeinsame Einrichtungen.

2.1 Abschlussnormen

Abschlussnormen enthalten Bestimmungen über den Abschluss von Arbeitsverträgen. Hierzu gehören vor allem Regelungen über Wiedereinstellungspflichten (z.B. nach Teilnahme an rechtswidrigen Arbeitskämpfen) oder auch ein tarifliches Schriftformerfordernis für Arbeitsverträge. Um den Abschluss von Arbeitsverträgen nicht zu erschweren, kommt Schriftformerfordernissen in Tarifverträgen überwiegend lediglich deklaratorische Wirkung zu.

2.2 Inhaltsnormen

Tarifliche Inhaltsnormen beinhalten z.B. Regelungen zur Länge der Arbeitszeit, Überstunden, Lohn, Zulagen, Urlaub, Sonderurlaub, betrieblicher Altersversorgung usw.

2.3 Beendigungsnormen

Diese regeln tariflichen Kündigungsschutz, Kündigungsfristen, Befristungen usw.

2.4 Betriebsnormen

Dabei handelt es sich um so genannte Solidarnormen. Dies sind alle Normen, die die Organisationsgewalt des Arbeitgebers regeln. Damit dient der Tarifvertrag auch der Einschränkung der unternehmerischen Gestaltungsfreiheit im Interesse der Arbeitnehmer. Zu den Betriebsnormen gehören insbesondere Normen, die die Ordnung des Betriebs regeln und zwar für die gesamte Belegschaft oder auch nur für Gruppen von bestimmten Arbeitnehmern. Außerdem zählen hierzu alle Normen, die eine einheitliche Verfahrensweise im Betrieb gewährleisten:

- Lage der Arbeitszeit,
- Rauchverbote,
- Lohnzahlungszeiträume
- Arbeitsschutzvorschriften usw.

2.5. Betriebsverfassungsrechtliche Fragen

Dieser Bereich beschäftigt sich mit der Erweiterung der betrieblichen Mitbestimmungsrechte aus dem BetrVG. Das BetrVG enthält einen Mindeststandart über die Mitbestimmungsrechte des

Betriebsrates. Durch Tarifvertrag können die Mitbestimmungsrechte erweitert werden. Dies geschieht vor allem bei personellen Mitbestimmungsrechten, vor allem also bei den §§ 99, 102 BetrVG. Ein Unterschreiten des BetrVG, also eine Verringerung der Mitbestimmungsrechte, ist unzulässig.

2.7. Normen über gemeinsame Einrichtungen

Gemeinsame Einrichtungen sind von den Tarifvertragsparteien geschaffene und von ihnen abhängige Organisationen, deren Zweck und Organisationsstruktur durch Tarifvertrag festgelegt wird. Gemäß § 4 Abs. 2 TVG können die Tarifparteien die Errichtung, Erhaltung und die Benutzung gemeinsamer Einrichtungen regeln. Bereits das TVG nennt Lohnausgleichs- und Urlaubskassen als gemeinsame Einrichtungen. Der Vorteil gemeinsamer Einrichtung besteht vor allem darin, dass bestimmte Leistungen von allen Arbeitgebern gemeinsam getragen werden. Für den einzelnen Arbeitgeber kommt es so zu einem Lastenausgleich.

3. Einzelfragen

3.1. Stellung des Tarifvertrages in der Normenpyramide

Um die Zulässigkeit tariflicher Regelungen ermitteln zu können, muss zunächst geklärt werden, wie der Tarifvertrag sich zu anderen arbeitsrechtlichen Normen verhält. Dazu muss man sich die arbeitsrechtliche Normenpyramide vor Augen führen:

Unionsrecht
Verfassungsrecht
Gesetze
Tarifvertrag
Betriebsvereinbarung
Arbeitsvertrag, Gesamtzusage, Betriebliche Übung

An der Spitze, und somit das höchstrangige Recht, steht das Unionsrecht. Vor allem die Richtlinien, als sekundäres Unionsrecht, prägen das Arbeitsrecht. Durch Transformation werden sie Bestandteil des nationalen Rechts. Das Verfassungsrecht gilt grundsätzlich nur mittelbar (Ausnahme Art 9 Abs. 3 GG) und findet nur über die Generalklauseln wie §§ 242; 315 Abs. 3 BGB Anwendung. Von wesentlicher Bedeutung sind auch die Gesetze wie z.B. das BUrlG, das ArbZG, EFZG usw.

Den einfachen Gesetzen folgt der Tarifvertrag, der damit in etwa eine zentrale Position einnimmt. Nachfolgend erscheint noch die Betriebsvereinbarung und auf dem Sockel und damit das niederstrangige Recht schließlich der Arbeitsvertrag sowie die diesen ergänzenden Gestaltungsfaktoren.

3.2. Verhältnis zu höherrangigem Recht

Im Verhältnis von höherrangigem Recht zu niederrangigem Recht gilt das Rangprinzip. Damit gilt, dass der Tarifvertrag an die Gesetze, Verfassungsrecht und auch an Unionsrecht gebunden ist und nicht gegen diese Regelungen verstoßen darf. Unzulässig wäre es demnach, wenn ein Tarifvertrag weniger als den gesetzlich vorgesehenen Mindesturlaub von 20 (5-Tage-Woche) bzw. 24 (6-Tage–Woche) vorsehen würde,

3.3. Verhältnis zu niederrangigem Recht

Im Verhältnis zu niederrangigem Recht gilt das Günstigkeitsprinzip. Dieses ist in § 4 Abs. 3 TVG normiert und besagt, dass niederrangiges günstigeres Recht dem Tarifvertrag vorgeht. Daher ist es ohne weiteres möglich, dass der Arbeitsvertrag mehr Urlaubstage oder Lohn vorsieht als der Tarifvertrag. Eine Durchbrechung des Günstigkeitsprinzips gilt zwischen Tarifvertrag und Betriebsvereinbarung. Wegen § 77 Abs. 3 BetrVG gilt, dass eine Betriebsvereinbarung auch dann ausgeschlossen ist, wenn sie günstigere Regelungen enthält als ein Tarifvertrag.

4. Möglichkeiten der Abweichung von Tarifnormen

4.1 Zwingende Regelungen

Tarifliche Bestimmungen sind zwingend. Abweichende arbeitsvertragliche Abreden sind unzulässig und regelmäßig nichtig. Von den tariflichen Bestimmungen kann nur dann abgewichen werden, wenn eine Abweichung gestattet ist (sog. Öffnungsklausel) oder wenn die Regelungen eine Änderung zugunsten des Arbeitnehmers enthält.

4.2 Öffnungsklauseln

Öffnungsklauseln sind Bestimmungen, die nach § 4 Abs. 3 TVG anderen Personen oder Organen eine Abweichung vom Tarifvertrag oder ihn ergänzende Regelungen gestatten. Sie müssen einen klaren und eindeutigen Regelungsinhalt haben. Eine Öffnungsklausel erlaubt auch Abweichungen von den tariflichen Bestimmungen zuungunsten der Arbeitnehmer. Lange Zeit waren Öffnungsklauseln selten. Angesichts wachsender Kritik an den starren Verbandstarifverträgen werden sie zunehmend, vor allem für wirtschaftliche Härtefälle und zur Beschäftigungssicherung, eingeführt.

4.3. Günstigkeitsprinzip

Weiterhin ist es zulässig, von den tariflichen (Schutz-) Vorschriften abzuweichen, wenn der Arbeitnehmer einzelvertraglich begünstigt werden soll. Er benötigt dann den Schutz aus dem Tarifvertrag nicht – dieser würde ihn in diesem Fall sogar benachteiligen.

4.3.1. Vergleichsmaßstab

Die Frage, wann eine einzelvertragliche Regelung günstiger ist als eine tarifliche Regelung, ist ausgesprochen schwierig zu beantworten. Dabei herrscht bereits ein Meinungsstreit über die Frage, von wessen Perspektive aus die Günstigkeit zu beurteilen ist: rein subjektiv aus der Sicht des Arbeitnehmers selbst? Dies wird überwiegend mit dem Argument abgelehnt, Tarifverträge seien auch dafür da, den Arbeitnehmer vor sich selbst und einer zu großen Nachgiebigkeit gegenüber dem Arbeitgeber zu schützen. Andere Stimmen verlangen, den Günstigkeitsvergleich aus der Sicht der Tarifvertragsparteien vorzunehmen. Die h.M. stellt bei dem Günstigkeitsvergleich auf den Standpunkt des objektiv vernünftigen Arbeitnehmers ab.

4.3.2. Vergleichsgegenstände

Unproblematisch ist der Günstigkeitsvergleich immer dann, wenn sich die widerstreitenden Reglungen in Arbeitsvertrag und Tarifvertrag entsprechen: Sieht der Tarifvertrag 25, der Arbeitsvertrag aber 30 Tage Urlaub vor, gilt das niederrangige und günstigere Recht, hier also die 30 Tage. Was aber, wenn die abweichenden

Vereinbarungen sowohl günstigere als auch ungünstigere Regelungen enthalten?

Beispiel: Fa. F bot dem kaufmännischen Angestellten K bei den Einstellungsverhandlungen ein monatliches Gehalt von 2.800 € und 21 Arbeitstage Urlaub. K wollte lieber mehr Urlaub und dafür weniger Geld. Man einigte sich daher auf 36 Tage Urlaub bei einem Gehalt von 2.500 €. Am 01.09. vereinbarte der AG-Verband A, dem die Fa. F angehört, mit der Gewerkschaft G für kaufmännische Angestellte ein monatliches Gehalt von 2.800 €. K tritt am 01.10. der Gewerkschaft bei. Danach verlangte er von der Fa. F 2.800 € Gehalt. Die Fa. F lehnte dies ab und erklärte, zumindest gelte dann auch der tarifliche Urlaub von 21 Tagen. Wie ist die Rechtslage?

I. Anspruch des K auf 2.800 € aus dem Tarifvertrag
K könnte seinen Anspruch auf 2.800 € Lohn auf den Tarifvertrag stützen.

1. Wirksamer Tarifvertrag
Die Wirksamkeit des Tarifvertrages kann unterstellt werden.

2. Beiderseitige Tarifbindung
Bei der Fa. F folgt die Tarifgebundenheit aus § 3 Abs. 1 TVG aus der Mitgliedschaft im Arbeitgeberverband. Auf Seiten der K beruht die Tarifbindung aus seinem Gewerkschaftsbeitritt am 01.10. Damit hat K einen unmittelbaren und zwingenden Anspruch auf den Tariflohn, § 4 Abs. 1 TVG.

3. Zulässige Abweichung vom Tarifvertrag
Nach § 4 Abs. 3 TVG sind vom Tarifvertrag abweichende Abmachungen nur zulässig, soweit sie

- Durch Tarifvertrag gestattet sind (sog. Öffnungsklauseln) oder
- Eine Regelung zugunsten des Arbeitnehmers enthalten (sog. Günstigkeitsprinzip).

Nach dem Sachverhalt kommt nur die zweite Möglichkeit in Betracht. Es muss somit geprüft werden, ob die Vereinbarungen zwischen K und der Fa. F im Arbeitsvertrag für K günstiger sind als die Regelungen des Tarifvertrages.

4. Durchführung des Günstigkeitsvergleichs
Fraglich ist, was bei dem Günstigkeitsvergleich zu berücksichtigen ist. Folgende Möglichkeiten kämen in Betracht:

4.1. Einzelvergleich (Rosinentheorie)
Der Einzelvergleich betrachtet die betreffenden Regelungen isoliert und ermittelt auf diese Weise, welches die jeweils günstigere Regelung darstellt. Dann hätte K Anspruch auf das tarifliche Gehalt von 2.800 €. Hinsichtlich des Urlaubs wäre die einzelvertragliche Abweichung für ihn

günstiger, so dass er nach § 4 Abs. 3 TVG 36 Tage Urlaub beanspruchen könnte. Auf diese Weise könnte sich der Arbeitnehmer jeweils aus Tarifvertrag und Arbeitsvertrag die für ihn günstigere Einzelregelung heraussuchen. Die Anwendung der Rosinentheorie wird allgemein abgelehnt.

4.2. Gesamtvergleich
Der Gesamtvergleich ermittelt die günstigere Regelung, indem er sämtliche Ansprüche aus dem Tarifvertrag mit sämtlichen Ansprüchen aus dem Arbeitsvertrag vergleicht und dann entscheidet, was insgesamt für den Arbeitnehmer das Günstigste ist. In Anbetracht der in Inhalt und Wesen verschiedenenartigen Leistungen ist ein objektiver Vergleich, ob nun insgesamt für den Arbeitnehmer der Tarifvertrag oder der Arbeitsvertrag günstiger ist, in der Regel unmöglich. Darum ist auch dieser Weg abzulehnen.

4.3. Sachgruppenvergleich
Die h.M. vergleicht nur diejenigen Reglungen, die in einem inneren sachlichen Zusammenhang zueinander stehen. Regelungen, die keinerlei thematischen Zusammenhang aufweisen, sind danach nicht zu vergleichen („Äpfel und Birnen"). Keinen solchen Zusammenhang weisen Urlaub und Vergütung auf. Die Vergütung ist die Gegenleistung für erbrachte Arbeit, steht im Synallagma zur Arbeit und damit unter dem Grundsatz: „Ohne Arbeit kein Lohn". Der Urlaubsanspruch hingegen entsteht auch dann, wenn der Arbeitnehmer in dem betreffenden Jahr an keinem einzigen Tag gearbeitet hat, vgl. § 4 BUrlG. Ein innerer Zusammenhang dieser beiden Regelungen scheidet daher aus. Im Ergebnis gilt daher: der K kann eine höhere Vergütung bei mehr Urlaub verlangen.

5. Ergebnis: K kann von der Fa. F 2.800 € Lohn bei 36 Tagen Urlaub verlangen.

Kann die Günstigkeit nicht eindeutig festgestellt werden, greift die h.M. auf die tariflichen Regelungen zurück.

4.4. Günstigkeitsvergleich und Betriebsvereinbarung, § 77 Abs. 3 BetrVG

Der Günstigkeitsvergleich findet keine Anwendung auf Betriebsvereinbarungen. Dies sind vertragliche Vereinbarungen zwischen Arbeitgeber und Betriebsrat mit normativer Wirkung, vgl. § 77 BetrVG. Gemäß § 77 Abs. 3 BetrVG ist jede, auch die günstigere Betriebsvereinbarung ausgeschlossen, wenn der Tarifvertrag die Arbeitsentgelte oder sonstigen Arbeitsbedingungen regelt oder üblicherweise regelt.

5. Überschreiten der Regelungsbefugnis

5.1. Aufsaugung bzw. Anrechnungsprinzip

Ein besonderes Problem bei der Frage nach dem zulässigen Inhalt von Tarifverträgen taucht dann auf, wenn der Arbeitgeber zusätzlich zu dem Tariflohn weitere Zahlungen erbringt. Denn wird der Tariflohn erhöht, ist zunächst unklar, wie sich die Tariflohnerhöhung auf diese weiteren Zahlungen auswirkt.

Beispiel: A erhält neben seinem Tariflohn von 8,00 € / Stunde von seinem Arbeitgeber B eine Zulage in Höhe von 1,50 €, insgesamt also 9,50 €. Als der Tariflohn auf 9,50 € erhöht wird, verlangt A von B Zahlung von 11,00 €. B hingegen meint, A stünden weiterhin nur 9,50 € / Stunde zu. - Ob A künftig einen Lohn in Höhe von 11,00 € / Stunde verlangen kann, hängt davon ab, was für eine Zulage der B zusätzlich zu dem Tarifvertrag hält. Man unterscheidet hier die außertariflichen von den übertariflichen Zulagen.

5.1.1 Außertarifliche Zulagen

Außertarifliche Zulagen sind solche, die wegen bestimmter Eigenarten der Arbeitsleistung erbracht werden. Gekennzeichnet sind sie dadurch, dass sie einen eigenen Zweck verfolgen, also nicht nur reiner Lohn für geleistete Arbeit sind. Klassische außertarifliche Zulagen sind z.B. Lärmzulagen, Leistungszulagen, Schmutzzulagen usw. Zahlt der Arbeitgeber eine solche außertarifliche Zulage, werden sie dem erhöhten Tariflohn hinzugerechnet, so dass A tatsächlich 11,00 / € pro Stunde beanspruchen könnte.

5.1.2 Übertarifliche Zulagen

Übertarifliche Zulagen verfolgen keinen eigenständigen Zweck. Sie werden gezahlt, weil der Arbeitgeber einen bestimmten Lohn für eine gewisse Leistung erbringen will. Ohne besondere arbeitsvertragliche Regelung, die das Schicksal solcher Zulagen bei Tariflohnerhöhungen regeln, wendet die h.M. das sog. Aufsaugungs- bzw. Anrechnungsprinzip an. Danach kann der Arbeitgeber freiwillige Zulagen ohne weiteres mit einer Tariflohnerhöhung verrechnen. Begründet wird dies mit §§ 157, 133 BGB: Der Arbeitnehmer dürfe bei freiwilligen übertariflichen Zulagen nicht berechtigterweise die Erwartung hegen, der Arbeitgeber werde sie unabhängig von der Höhe des Tariflohns stets weiterzahlen.

Zahlt der Arbeitgeber neben dem Tariflohn eine übertarifliche freiwillige Zulage, bringe er damit zum Ausdruck, dass er für eine bestimmte Leistung des Arbeitnehmers einen bestimmten Lohn zahlen wolle. Werde der Tariflohn erhöht, zahlt der Arbeitgeber im Zweifel diesen bestimmten Lohn, ohne dass es darauf ankommt, ob dies allein durch den Tariflohn oder durch Tariflohn plus Zulage erreicht wird. Zahlt B im obigen Beispiel also 1,50 als übertarifliche Zulage, darf er diese mit der Tariflohnerhöhung verrechnen. A kann daher trotz Tariflohnerhöhung weiterhin nur 9,50 € / Stunde von B als Lohn verlangen. Letztlich erhöht sich damit trotz Tariflohnerhöhung der Lohn solange nicht, wie nicht die Tariflohnerhöhung die Zulage übersteigt.

5.2. Effektivklauseln

Um dieses missliche Ergebnis zu vermeiden, hat sich eine Vielzahl von tariflichen Klauseln entwickelt, die das Anrechnungs- bzw. Aufsaugungsprinzip umgehen sollen.

Beispiel: Zwischen dem Arbeiter B und dem Unternehmer U besteht ein Arbeitsverhältnis. Auf das Arbeitsverhältnis findet ein Tarifvertrag Anwendung. Der tarifliche Stundenlohn beträgt 10,00 € / Stunde. U zahlt zusätzlich zum Tariflohn eine übertarifliche, freiwillige Zulage in Höhe von 2,00 € / Stunde. In dem neuen Tarifvertrag findet sich folgende Formulierung: „ Der Tariflohn wird um 2,00 € / Stunde auf 12,00 € / Stunde erhöht. Bisher gezahlte übertarifliche Zulage sind dem erhöhten Tariflohn hinzuzurechnen und gelten als Bestandteil des Tariflohns.“ Kann B von U aufgrund dieses Tarifvertrages künftig 14,00 € / Stunde verlangen?

Wirksamkeit der tariflichen Klausel

1. Zweck der Klausel
Der bisherige übertarifliche Teil des Entgelts soll erhalten bleiben, indem er auf den höheren Tariflohn aufgestockt oder aufgesattelt wird, d.h., er soll zum Bestandteil des Tariflohns werden. Diese Klauseln werden als Effektivgarantieklauseln bezeichnet.

2. Vereinbarkeit mit Schriftformerfordernis, § 1 Abs. 2 TVG
§ 1 Abs. 2 TVG unterwirft den Tarifvertrag einem gesetzlichen Schriftformerfordernis. Dieses verlangt, dass insbesondere der Tariflohn in dem Tarifvertrag eindeutig geregelt sein muss. Bei Anwendung der o.g. Klausel müsste allerdings die arbeitsvertragliche Vereinbarung über die Zulage herangezogen werden, um die Höhe des Tariflohns zu ermitteln. Daher wird die Effektivgarantieklausel dem Schriftformerfordernis von Tarifverträgen nicht gerecht und verstößt gegen § 1 Abs. 2 TVG.

3. Vereinbarkeit mit § 4 Abs. 3 TVG

Gemäß § 4 Abs. 3 TVG regelt der Tarifvertrag lediglich Mindestarbeitsbedingungen. Verbesserung regeln die Parteien des Arbeitsvertrages. Gegen diese Grundprinzipien des Tarifrechts verstößt die Effektivgarantieklausel, wenn auch freiwillige Zulagen durch den Tarifvertrag geregelt würden. Somit ist die Effektivgarantieklausel auch mit § 4 Abs. 3 TVG unvereinbar.

4. Vereinbarkeit mit Art. 3 Abs. 1 GG (Gleichheitssatz, gleicher Lohn für gleiche Arbeit)

Durch die Vereinbarung von Effektivgarantieklauseln kommt es zudem in demselben Tarifgebiet zu unterschiedlichen Tariflöhnen. Die Effektivgarantieklausel bewirkt, dass die Höhe des Tariflohns davon abhängig ist, ob und in welcher Höhe die Arbeitgeber ihren Arbeitnehmern freiwillige übertarifliche Zulagen gezahlt haben. Für eine derartige Ungleichbehandlung besteht aber kein rechtfertigender Grund. Damit verstößt die Effektivgarantieklausel auch gegen Art. 3 GG.

Die Effektivgarantieklausel ist daher unwirksam und kann nicht zum Erhalt übertariflicher freiwilliger Zulagen nach Tariflohnerhöhungen beitragen.

Abwandlung: In dem obigen Beispiel vereinbaren die Tarifparteien nunmehr: „Die Tariflohnerhöhung muss voll wirksam werden." Kann B jetzt 14,00 € / Stunde von U verlangen?

1. Zweck der Klausel

Bei dieser sog. begrenzten Effektivklausel wird der übertarifliche Lohn nicht in den Tariflohn miteinbezogen, sondern soll eine eigenständige, arbeitsvertragliche Zulage bleiben. Der Arbeitgeber soll aber dennoch daran gehindert werden, von dem Anrechnungsprinzip Gebrauch zu machen, indem die Zulage weiterhin voll zu zahlen ist.

2. Zulässigkeit begrenzter Effektivklauseln

Die Zulässigkeit begrenzter Effektivklauseln ist umstritten.

2.1 Auffassung der Literatur

Ein Teil der Literatur sieht keinen Verstoß begrenzter Effektivklauseln gegen Art. 3 Abs. 1 GG, solange der Arbeitgeber eines Betriebes allen Arbeitnehmern übertarifliche Zulagen gewähre. Soweit diese eine unterschiedliche Entlohnung der Arbeitnehmer im Tarifgebiet zur Folge hätten, beruhten diese nicht auf dem Tarifvertrag, sondern auf den Zulagen.

2.2 Auffassung der Rechtsprechung

Die Rechtsprechung lehnt bereits seit 1968 die Zulässigkeit der begrenzten Effektivklausel ab. Zur Begründung führte das BAG aus, es sei nicht Sache der Tarifparteien, das Schicksal arbeitsvertraglicher Ansprüche zu regeln. Ihnen obliege allein die Aufgabe, tarifliche Mindestarbeitsbedingungen zu regeln. Mit den begrenzten Effektivklauseln überschritten die Tarifparteien daher ihre vom Gesetzgeber übertragene Regelungsbefugnis. Außerdem führe auch die begrenzte Effektivklausel zu unterschiedlich hohen Löhnen im selben Tarifgebiet, weil auch die begrenzte Effektivklausel zur Fortzahlung der unterschiedlich hohen Zulagen führt und zu einer ungerechtfertigen Ungleichbehandlung vergleichbarer Arbeitnehmer. Diese Auffassung ist auch vorzugswürdig: Ziel von Effektivgarantieklausel und begrenzter Effektivklausel ist der Erhalt übertariflicher arbeitsvertraglicher Ansprüche. Diese ist allerdings der Regelungsbefugnis der Tarifparteien entzogen. Entsprechende Klauseln stellen damit einen unzulässigen Eingriff in die Verhandlungsfreiheit der Arbeitsvertragsparteien dar.

2.3 Zwischenergebnis

Die tarifliche Klausel ist unwirksam. B hat keinen Anspruch auf 14,00 € Stundenlohn. Er kann von U weiterhin lediglich 12,00 € verlangen.

3. Gesamtergebnis: Es gibt keine wirksame Möglichkeit, durch tarifvertragliche Vereinbarung den Erhalt von übertariflichen freiwilligen Zulagen bei Tariflohnerhöhung zu sichern.

VI. Tarifgebundenheit, § 3 Abs. 1 TVG

1. Beiderseitige Tarifgebundenheit

Voraussetzung für die normative Wirkung des Tarifvertrages ist, dass Arbeitgeber und Arbeitnehmer tarifgebunden sind. Man spricht in diesem Fall auch von der sogenannten kongruenten Tarifbindung. Ursache einer solchen beiderseitigen Tarifbindung ist in aller Regel, dass der Arbeitgeber über seine Verbandsmitgliedschaft oder über einen Firmen- bzw. Haustarifvertrag eine Tarifbindung eingegangen ist. Der Arbeitnehmer ist regelmäßig Mitglied der Gewerkschaft, die den Tarifvertrag mit dem Arbeitgeberverband oder Arbeitgeber abgeschlossen hat, um eine Tarifbindung zu erlangen.

2. Beginn der Tarifbindung

Sobald die Voraussetzungen der beiderseitigen Tarifbindung vorliegen, entfaltet der Tarifvertrag seine unmittelbare und zwingende Wirkung. Der Arbeitnehmer kann also auch während seines Arbeitsverhältnisses zu einem tarifgebundenen Arbeitgeber der Gewerkschaft beitreten und so Ansprüche aus dem Tarifvertrag erwerben.

3. Ende der Tarifbindung

Gründe, die das Ende der Tarifbindung bewirken, sind der Tod des Verbandsmitglieds, ein Verbandswechsel oder auch ein Arbeitgeberwechsel durch Betriebsübergang (§ 613a BGB). Auch die Beendigung der Verbandsmitgliedschaft kann zum Ende der Tarifbindung führen. Letzteres könnte allerdings für den Arbeitgeber eine Möglichkeit bieten, sich unerwünschten Tarifverträgen durch „Verbandsflucht" zu entziehen.

Beispiel: Am 01.08. wird zwischen dem Arbeitgeberverband A und der Gewerkschaft G in einem Tarifvertrag vereinbart, dass die Tariflöhne um 10% erhöht werden. Die Laufzeit dieses Tarifvertrages beträgt zwei Jahre. Aus Protest gegen diese Vereinbarung kündigt der Arbeitgeber B am 02.08. seine Mitgliedschaft in dem Arbeitgeberverband fristgerecht zum 30.09. Am 01.10. teilt der B seinem Arbeitnehmer C, der Mitglied in der Gewerkschaft G ist, seinen Verbandsaustritt mit und kündigt an, er werde künftig keine Tariflöhne mehr zahlen. Kann B künftig die Zahlung des Tariflohns an C verweigern?

Lösung

Anspruch des C auf Tariflohn nach dem 30.09.

1. Wirksamer Tarifvertrag
Zunächst einmal müsste ein wirksamer Tarifvertrag vorliegen. Dazu bedarf es eines schriftlichen Vertrages tariffähiger Parteien mit zulässigem Inhalt. Der Sachverhalt bietet keinen Anlass, an der Wirksamkeit des Tarifvertrages vom 01.08. zu zweifeln.

2. Tarifgebundenheit
Für einen Anspruch des C müsste auch eine beiderseitige Tarifbindung bestehen. Bis zum 30.09. bestand eine beiderseitige Tarifbindung durch die Verbandsmitgliedschaft des B in dem Arbeitgeberverband A auf der einen und durch die Mitgliedschaft des C in der Gewerkschaft auf der anderen Seite. Fraglich ist allerdings, ob die beiderseitige Tarifbindung durch den Verbandsaustritt des B geendet hat. Gemäß § 3 Abs. 3 TVG bleibt die Tarifbindung so lange erhalten, bis der Tarifvertrag endet, so genannte Fortwirkung des Tarifvertrages. Das bedeutet, dass der Verbandsaustritt des B während der Laufzeit des Tarifvertrages die beiderseitige Tarifbindung nicht berührt. B kann sich nicht durch die Flucht aus dem Verband der Verpflichtung zu tariflichen Arbeitsbedingungen entziehen. Folglich ist der B verpflichtet, während der zweijährigen Laufzeit des Tarifvertrages den erhöhten Tariflohn an C zu zahlen. Erst nach Beendigung der Laufzeit des Tarifvertrages besteht eine beiderseitige Tarifbindung nicht mehr und B kann von den tariflichen Regelungen abweichen.

3. Ergebnis: C hat Anspruch auf Zahlung des erhöhten Tariflohns für zwei Jahre.

4. Ausnahmen von dem Grundsatz der beiderseitigen Tarifbindung

4.1 Betriebliche und betriebsverfassungsrechtliche Normen, § 3 Abs. 2 TVG

Grundsätzlich wirken tarifliche Bestimmungen nur dann normativ, wenn Arbeitnehmer und Arbeitgeber auch an diese gebunden sind, sei es durch Verbandsmitgliedschaft oder wegen des Abschlusses eines Firmentarifvertrages. Bei betrieblichen und betriebsverfassungsrechtlichen Fragen wäre dies völlig sinnwidrig. Denn wird z.B. ein tarifliches Rauchverbot vereinbart, würde dies nur die Gewerkschaftsmitglieder verpflichten, die ungebundenen Arbeitnehmer hingegen könnten rauchen, ohne dem tariflichen Verbot zu unterliegen.

Auch bei den betriebsverfassungsrechtlichen Fragen würden die Mitbestimmungsrechte des Betriebsrates nur bei den Gewerkschaftsmitgliedern erweitert werden. Bei den ungebundenen Arbeitnehmern könnte der Betriebsrat nur seinen gesetzlichen Mindeststandart an Mitbestimmungsrechten wahrnehmen. Diese Situation wäre nicht nur unerträglich sondern auch undurchführbar. Der Betriebsrat müsste nämlich die Gewerkschaftszugehörigkeit des Arbeitnehmers kennen, um zu wissen, ob er erweiterte Mitbestimmungsrechte aus dem Tarifvertrag ausüben kann. Seine Gewerkschaftszugehörigkeit muss aber kein Arbeitnehmer offenbaren. Deswegen ist auch das Fragerecht des Arbeitgebers nach einer Gewerkschaftsmitgliedschaft absolut verboten.

Gelöst wird das Problem durch § 3 Abs. 2 TVG. Danach reicht es bei betrieblichen und betriebsverfassungsrechtlichen Fragen ausnahmsweise aus, wenn nur der Arbeitgeber über einen Flächen- oder Verbandstarifvertrag an diese Vorschriften gebunden ist. Alle bei dem Arbeitgeber beschäftigten Arbeitnehmer unterliegen diesen Normen auch dann unmittelbar, wenn sie nicht Mitglied der Gewerkschaft sind, mit der der Tarifvertrag abgeschlossen wurde.

4.2 Allgemeinverbindlichkeitserklärung (AVE), § 5 TVG

Eine weitere Ausnahme von dem Grundsatz der beiderseitigen Tarifbindung regelt § 5 TVG. Danach kann ein Tarifvertrag auf gemeinsamen Antrag der Tarifvertragsparteien für allgemeinverbindlich erklärt werden. Als Folge gelten die tariflichen Regelungen für alle Arbeitnehmer und Arbeitgeber im Tarifgebiet, unabhängig davon, ob eine Mitgliedschaft in den tarifschließenden Verbänden vorliegt oder nicht. Damit wird die Tarifwirkung auf alle Nicht- oder auch Andersorganisierte ausgedehnt, wenn sie in den Geltungsbereich des für allgemeinverbindlich erklärten Tarifvertrages fallen.

4.2.1 Zweck der AVE

Allgemeinverbindlichkeitserklärungen führen zu tariflichen Mindestarbeitsbedingungen für Nichtorganisierte. Wird im Tarifgebiet ein Tarifvertrag für allgemeinverbindlich erklärt, macht es keinen Unterschied mehr, ob der Arbeitnehmer organisiert ist oder nicht. Der Arbeitgeber muss allen Arbeitnehmern in jedem Fall die tariflichen Mindestarbeitsbedingungen gewähren. Daher werden AVEs vor allem bei hoher Arbeitslosigkeit vorgenommen, um ein mögliches „Lohndumping" zu vermeiden. Insgesamt ist die wirtschaftliche Bedeutung der AVE aber rückläufig. Bedeutung entfaltet sie nach wie vor in der Baubranche.

4.2.2 Voraussetzungen der AVE

4.2.2.1 Gemeinsamer Antrag der Tarifvertragsparteien

Gemäß § 5 Abs. 1 TVG bedarf es zunächst einmal eines gemeinsamen Antrags der Parteien, die den Tarifvertrag abgeschlossen haben.

4.2.2.2 Bildung eines Ausschusses zur Entscheidung über die AVE

Als weitere Voraussetzung für eine wirksame AVE ist nach § 5 Abs. 1 TVG ein Ausschuss zu bilden. Dieser besteht aus je drei Vertretern der Spitzenorganisationen von Arbeitnehmern und Arbeitgebern. Es ist über die Frage zu entscheiden, ob die Allgemeinverbindlicherklärung im öffentlichen Interesse geboten erscheint.

Die Allgemeinverbindlicherklärung erscheint in der Regel im öffentlichen Interesse geboten, wenn

1. der Tarifvertrag in seinem Geltungsbereich für die Gestaltung der Arbeitsbedingungen überwiegende Bedeutung erlangt hat oder

2. die Absicherung der Wirksamkeit der tarifvertraglichen Normsetzung gegen die Folgen wirtschaftlicher Fehlentwicklung eine Allgemeinverbindlicherklärung verlangt.

Das Bundesministerium für Arbeit und Soziales kann einen Tarifvertrag über eine gemeinsame Einrichtung zur Sicherung ihrer Funktionsfähigkeit im Einvernehmen mit dem Tarifausschuss auf gemeinsamen Antrag der Tarifvertragsparteien für allgemeinverbindlich erklären, wenn der Tarifvertrag die Einziehung von Beiträgen und die Gewährung von Leistungen durch eine gemeinsame Einrichtung mit bestimmten Gegenständen regelt, § 5 Abs. 1a TVG: 1. den Erholungsurlaub, ein Urlaubsgeld oder ein zusätzliches Urlaubsgeld, 2. eine betriebliche Altersversorgung im Sinne des Betriebsrentengesetzes, 3. die Vergütung der Auszubildenden oder die Ausbildung in überbetrieblichen Bildungsstätten, 4. eine zusätzliche betriebliche oder überbetriebliche Vermögensbildung der Arbeitnehmer, 5. Lohnausgleich bei Arbeitszeitausfall, Arbeitszeitverkürzung oder Arbeitszeitverlängerung.

4.2.2.3 Gelegenheit zur Stellungnahme, § 5 Abs. 2 TVG

Den von der AVE betroffenen Arbeitgebern, Arbeitnehmern, Verbänden sowie der obersten Landesbehörde ist vor der Entscheidung über die Allgemeinverbindlichkeitserklärung Gelegenheit zur Stellungnahme zu geben.

4.2.2.4 Öffentliche Bekanntmachung, § 5 Abs. 7 TVG

Anders als bei Tarifverträgen ist die öffentliche Bekanntmachung bei Allgemeinverbindlichkeitserklärungen eine Wirksamkeitsvoraussetzung. Auch Allgemeinverbindlichkeitserklärungen werden im Tarifregister eingetragen, vgl. § 6 TVG.

4.2.3 Ende der AVE, § 5 Abs. 5 S. 3 TVG

Nach § 5 Abs. 5 S. 3 TVG endet die AVE jedenfalls dann, wenn der Tarifvertrag endet. Außerdem kann das Bundesministerium für Arbeit und Wirtschaft die AVE im Einvernehmen mit dem Ausschuss wieder aufheben, wenn dies im öffentlichen Interesse geboten erscheint, § 5 Abs. 5 S. 1 TVG.

4.2.4 Rechtsnatur der AVE

Lange Zeit war umstritten, welche Rechtsnatur die AVE hat. Hierzu wurde unter anderem vertreten, es handele sich um einen Verwaltungsakt. Auch die Qualität als Rechtsverordnung wurde teilweise bejaht. Das BVerfG hat 1997 Stellung genommen. Danach ist die AVE von Tarifverträgen „ im Verhältnis zu den ohne sie nicht tarifgebundenen Arbeitgebern und Arbeitnehmern ein Rechtssetzungsakt eigener Art zwischen autonomer Regelung und staatlicher Rechtssetzung, der eine eigenständige Grundlage in Art. 9 Abs. 3 GG findet. Sie beruht auf vielfältig verschränktem Zusammenwirken von Tarifparteien und im Tarifausschuss repräsentierten Sozialpartnern einerseits und Stellen der staatlichen Exekutive andererseits. Am Ende dieses Verfahrens steht weder der Erlass eines Verwaltungsakts noch der einer Rechtsverordnung."

VII. Tarifgeltung, § 4 Abs. 1 TVG

1. Bedeutung der Tarifgeltung

Letzte Voraussetzung für Ansprüche aus dem Tarifvertrag ist, dass das Arbeitsverhältnis auch dem Geltungsbereich des Tarifvertrages unterliegt. Das bedeutet, dass die tarifschließenden Verbände laut ihrer Satzung auch für dieses Arbeitsverhältnis zuständig sein müssen. Zu unterscheiden ist der persönliche, räumliche, fachliche und zeitliche Geltungsbereich.

2. Persönlicher Geltungsbereich

Der persönliche Geltungsbereich legt fest, für wen der Tarifvertrag gelten soll. Regelmäßig sind dies alle Arbeitnehmer. Allerdings ist es auch nicht unüblich, die leitenden Angestellten aus dem Geltungsbereich des Tarifvertrages herauszunehmen. Diese sind wegen ihrer besonderen Verantwortung und Fähigkeiten nicht in gleichem Maße schutzbedürftig wie die übrigen Arbeitnehmer und handeln ihre Arbeitsbedingungen daher frei aus. Andererseits ist es auch möglich, den Geltungsbereich des Tarifvertrages auf andere Arten der Beschäftigung auszudehnen. So bestimmt § 12a TVG, dass die Vorschriften des TVG auch für so genannte arbeitnehmerähnliche Personen (z.B. Heimarbeiter) gelten.

3. Räumlicher Geltungsbereich

Dieser bestimmt, in welcher Region der Tarifvertrag seine Wirkungen entfalten soll. Das kann sowohl ein Bundesland sein oder auch nur eine bestimmte Stadt. Der speziellste räumliche Geltungsbereich ist der von Haustarifverträgen, denn hier schließt der Arbeitgeber nur für sein Unternehmen ab.

4. Fachlicher Geltungsbereich

Aus der Organisation der Verbände nach dem Industrieverbandsprinzip folgt bereits, dass die Arbeitgeberverbände und die Gewerkschaften sich nur für bestimmte Branchen zuständig erklärt und so auch ihren fachlichen Geltungsbereich festgelegt haben. Aus dieser Spezialisierung folgt auch, dass die Verbände ein besonders Fachwissen und eine große Sachkunde für die Besonderheiten der Arbeitsverhältnisse innerhalb ihres fachlichen Geltungsbereichs mit sich bringen. Die Tarifverträge entfalten daher auch eine besonders hohe Richtigkeitsgewähr.

5. Zeitlicher Geltungsbereich

5.1. Laufzeit

Der zeitliche Geltungsbereich meint zunächst einmal die Laufzeit des Tarifvertrages, also die Zeit, für die er abgeschlossen wurde. Während der Laufzeit gilt nach § 4 Abs. 1 TVG die unmittelbare und zwingende Wirkung.

5.2. Nachwirkung, § 4 Abs. 5 TVG

Fraglich ist, welche Regelungen gelten, wenn die Laufzeit des Tarifvertrages endet oder wenn der Tarifvertrag gekündigt wird.

Beispiel: Die Arbeitnehmerin A macht für das 3. Quartal 2012 tarifvertragliche Ansprüche aus einem nur noch nachwirkenden Tarifvertrag, nämlich dem Lohnrahmenabkommen für die gewerblichen Arbeitnehmer der Eisen-, Metall- und Elektroindustrie Nordrhein-Westfalen (LRA) geltend. Das LRA ist von der IG-Metall und dem einschlägigen Metall-Arbeitgeberverband abgeschlossen worden. Die IG-Metall hat das LRA zum 31. Dezember 1984 gekündigt: das LRA ist weder wieder in Kraft gesetzt noch durch eine andere Regelung abgelöst worden. Die Arbeitnehmerin A wurde 2012 bei der B-GmbH, einem Unternehmen der metallverarbeitenden Industrie in Nordrhein-Westfalen, als gewerbliche Arbeitnehmerin eingestellt.

Bis 2011 gehörte die B-GmbH dem einschlägigen tarifvertragschließenden Metallarbeitgeberverband an. A ist Mitglied der IG-Metall. A meint, das LRA gelte zwingend, obwohl ihr Arbeitsverhältnis mit der B-GmbH erst während der Nachwirkungszeit des LRA begründet worden sei. Dies folge aus der beiderseitigen Tarifbindung. Sind die Ansprüche der A begründet?

Lösung: Anspruch der A aus dem LRA

1. Wirksamer Tarifvertrag

Zunächst müsste es sich bei dem Tarifvertrag um den schriftlichen Vertrag tariffähiger Vereinigungen mit zulässigem Inhalt handeln. Der Sachverhalt bietet keine Anhaltspunkte dafür, an der Wirksamkeit des Tarifvertrages zu zweifeln.

2. Tarifgebundenheit

Weiterhin müsste eine kongruente Tarifbindung vorliegen, § 3 TVG. A ist über ihre Mitgliedschaft in der IG-Metall tarifgebunden. Auf Seiten der B-GmbH folgt die Tarifgebundenheit aus der Mitgliedschaft in dem Metall-Arbeitgeberverband.

3. Tarifgeltung: Persönlicher, fachlicher und räumlicher Geltungs bereich

Das Arbeitsverhältnis müsste auch dem Geltungsbereich des LRA unterliegen. Der persönliche, räumliche und fachliche Geltungsbereich liegt laut Sachverhalt vor, da A Arbeitnehmerin der Metallindustrie in Nordrhein-Westfalen ist.

4. Zeitlicher Geltungsbereich

4.1. Beendigung der Laufzeit

Das Arbeitsverhältnis müsste auch zeitlich von dem Geltungsbereich des LRA erfasst sein. Hier ist fraglich, wie es sich auswirkt, dass das LRA bereits im Jahr 1984 geendet hat.

4.2. Nachwirkung, § 4 Abs. 5 TVG

4.2.1. Dispositivität der tariflichen Regelungen

Endet der Tarifvertrag, gilt nach § 4 Abs. 5 TVG die sog. Nachwirkung. Danach gelten die Regelungen des Tarifvertrags weiter, bis sie durch eine andere Abmachung ersetzt werden. Der Inhalt des Tarifvertrages ist während der Nachwirkung dispositiv. Damit kann die „andere Abmachung“ i.S.v. § 4 Abs. 5 TVG auch niederen Ranges sein, wie z.B. ein Arbeitsvertrag. Allerdings muss der Arbeitgeber von seiner Regelungsbefugnis auch Gebrauch machen: Wird keine andere Abmachung getroffen, gelten die Regelungen des Tarifvertrages so lange weiter, bis sie durch einen neuen Tarifvertrag abgelöst werden.

4.2.2. Zweck der Nachwirkung
Sinn von § 4 Abs. 5 TVG ist es, tariflose Zeiten nach Außerkrafttreten eines Tarifvertrages zu vermeiden. Damit dient § 4 Abs. 5 TVG vor allem dem Schutz des Status quo derjenigen Arbeitnehmer, deren Arbeitsverhältnisse bereits einem Tarifvertrag unterlagen. A hat erst im Jahre 2012 ihr Arbeitsverhältnis bei der B-GmbH aufgenommen. Folglich hatte sie noch keinen Status quo, der durch die Nachwirkung geschützt werden müsste. Im Übrigen stellt der Arbeitsvertrag der A eine „andere Abmachung" im Sinne von § 4 Abs. 5 dar. Die Nachwirkung des LRA ist damit gemäß § 4 Abs. 5 TVG beendet worden. A kann damit keinerlei Ansprüche aus dem LRA mehr geltend machen.

5. Ergebnis: Die Ansprüche der A sind unbegründet. Sie kann sich nicht auf die Nachwirkung des LRA berufen.

5.3 Rückwirkung

5.3.1 Zweck von Rückwirkungen

Grundsätzlich dient die Rückwirkung von Tarifverträgen dazu, tariflose Zeiten zwischen einem vorangegangenen und einem späteren Tarifvertrag zu umgehen, also zur Vermeidung tarifloser Zeiten. Diese Berechtigung auch zu rückwirkenden Vereinbarungen hat das BAG wie folgt begründet:„Der zeitliche Geltungsbereich einer tarifvertraglichen Regelung steht zur Disposition der Tarifvertragsparteien. Ebenso wie sie vereinbaren können, dass ein Tarifvertrag nicht mit sofortiger Wirkung, sondern zu einem späteren Zeitpunkt in Kraft tritt, können sie sein In-Kraft-Treten auf einen in der Vergangenheit liegenden Zeitpunkt datieren." Dabei herrscht weitestgehend Einigkeit, dass jedenfalls eine den Arbeitnehmer begünstigende Rückwirkung zulässig ist.

5.3.2 Belastende Rückwirkung

Schwieriger ist es aber dann, wenn dem Arbeitnehmer durch eine tarifvertragliche rückwirkende Vereinbarung belastet wird. Wegen des normativen Charakters der tariflichen Regelungen greift die h.M. bei der Frage nach der Zulässigkeit solcher Rückwirkungen auf die Grundsätze zur Rückwirkung von Gesetzen zurück. Danach gilt zunächst, dass insbesondere eine echte Rückwirkung unzulässig ist. Aber auch in diesen Fällen gelten die Ausnahmen, dass jedenfalls dann ausnahmsweise auch eine echte Rückwirkung erlaubt ist, wenn der Normunterworfene nicht schutzwürdig ist.

Dies ist dann der Fall, wenn

- er im Zeitpunkt des Inkrafttretens der Norm mit einer Regelung rechnen musste,
- das geltende Recht unklar und verworren war,
- der Normunterworfene sich aus anderen Gründen nicht auf den Rechtsschein verlassen durfte (z.B. wegen widersprüchlicher Rechtsprechung) oder
- zwingende Gründe des Allgemeinwohls für eine Rückwirkung bestehen.

Trotz dieser engen Grenzen einer Rückwirkung bejaht das BAG für den Arbeitnehmer „keinen „Anspruch auf den status quo in dem Sinne, dass die tarifvertragliche Regelung nicht durch eine andere, für ihn ungünstigere ersetzt werden kann (...)“. Die Rechtsprechung bejaht damit grundsätzlich die Möglichkeit einer echten Rückwirkung auch zum Nachteil des Arbeitnehmers.

5.4. Überschneidungen der Geltungsbereiche verschiedener Tarifverträge

Es kann vorkommen, dass sich die Geltungsbereiche verschiedener Tarifverträge überschneiden. Dann muss geklärt werden, welcher Tarifvertrag das Arbeitsverhältnis des Arbeitnehmers regelt.

Soweit sich die Geltungsbereiche nicht inhaltsgleicher Tarifverträge verschiedener Gewerkschaften überschneiden (kollidierende Tarifverträge), sind im Betrieb nur die Rechtsnormen des Tarifvertrags derjenigen Gewerkschaft anwendbar, die zum Zeitpunkt des Abschlusses des zuletzt abgeschlossenen kollidierenden Tarifvertrags im Betrieb die meisten in einem Arbeitsverhältnis stehenden Mitglieder hat, § 4a Abs. 2 Satz 2 TVG.

Kollidieren die Tarifverträge erst zu einem späteren Zeitpunkt, ist dieser für die Mehrheitsfeststellung maßgeblich, § 4a Abs. 2 Satz 3 TVG.

VIII. Auslegung von Tarifverträgen

1. Auslegungsbedarf

Tarifverträge stehen häufig am Ende von Arbeitskampfmaßnahmen. Daher werden sie nicht selten unter einem erheblichen Zeitdruck abgeschlossen. Gelegentlich ergibt sich daher im Nachhinein die Frage, wie die Vereinbarungen im Tarifvertrag zu verstehen sind.

2. Auslegungsmethoden

Da Tarifverträge wie Gesetze wirken, hat die Rechtsprechung die objektive Methode für die Auslegung von Gesetzen herangezogen. Danach gilt folgende Reihenfolge: Zunächst ist der *Wortlaut* heranzuziehen, wobei bereits der wirkliche Wille und der Sinn und Zweck der tariflichen Regelungen zu berücksichtigen ist. Abzustellen ist hierbei auch auf den *tariflichen Gesamtzusammenhang.* Bleiben nach Anwendung dieser Kriterien noch Zweifel, werden auch *Tarifgeschichte, praktische Tarifübung* und *Entstehungsgeschichte des Tarifvertrages* mitgewürdigt.

IX. Verfall und Verlust tariflicher Ansprüche

1. Verjährung

Hinsichtlich der Verjährung von tariflichen Ansprüchen gelten keine Besonderheiten. Es gilt § 195 BGB und damit die dreijährige Verjährungsfrist.

2. Verzicht auf tarifliche Ansprüche, § 4 Abs. 4 TVG

Der Verzicht auf bereits entstandene tarifliche Ansprüche ist nur unter strengen Voraussetzungen möglich. Tarifliche Ansprüche sind grundsätzlich unabdingbar und unverzichtbar. Daher erlaubt § 4 Abs. 4 TVG lediglich, in einem von den Tarifvertragsparteien gebilligten Vergleich auf bereits entstandene Ansprüche zu verzichten. Erklärt der Arbeitnehmer entgegen diesem Verbot seinen Verzicht auf tarifliche Ansprüche, ist diese Erklärung nach § 134 BGB nichtig.

3. Verfall tariflicher Ansprüche

Ein weitaus größeres Problem stellen die sogenannten Ausschluss- oder Verfallfristen dar, die sich in beinahe jedem Tarifvertrag finden. Sie führen innerhalb kurzer Zeit dazu, dass die Ansprüche der Arbeitnehmer erlöschen. Im Gegensatz zur Verjährung, die lediglich rechtshemmend wirkt und damit die Durchsetzbarkeit des Anspruchs verhindert, sind Ausschlussfristen rechtsvernichtend. Bedenken gegen die Zulässigkeit von Ausschlussfristen bestehen seitens der Rechtsprechung nicht. Vielmehr werden Ausschlussfristen als ein wirksames Instrument angesehen, um der arbeitsgerichtlichen Beschleunigungsmaxime nachzukommen. Ausschlussfristen können sowohl als einstufige, aber auch als zweistufige Ausschlussfrist vereinbart werden.

Beispiel für eine einstufige Ausschlussfrist: „Ansprüche aus dem Arbeitsverhältnis verfallen, wenn sie nicht innerhalb von drei Monaten seit der Beendigung des Arbeitsverhältnis schriftlich bei dem Arbeitgeber geltend gemacht werden."

Hier reicht es aus, dem Arbeitgeber innerhalb der Frist ein Schreiben zugehen zu lassen, mit dem die Ansprüche eingefordert werden. Dabei muss die gesetzliche Schriftform nicht eingehalten werden. Ausreichend ist daher auch ein Fax.

Beispiel für eine Zweistufige Ausschlussfrist: „Ansprüche dem Arbeitsverhältnis verfallen, wenn sie nicht innerhalb von drei Monaten seit der Beendigung des Arbeitsverhältnisses schriftlich bei dem Arbeitgeber geltend gemacht werden. Wurde der Anspruch rechtzeitig erhoben und lehnt der Arbeitgeber seine Erfüllung ab oder äußert sich der Arbeitgeber nicht innerhalb von zwei Wochen, so hat der Arbeitnehmer den Anspruch innerhalb von drei Monaten seit der Ablehnung oder dem Fristablauf geltend zu machen. Eine spätere Geltendmachung ist ausgeschlossen.

Bei der zweistufigen Ausschlussfrist reicht es also nicht aus, wenn der Anspruch nur schriftlich erhoben wird. Daneben ist auch noch rechtzeitig Klage zu erheben, damit der Verfall der Ansprüche verhindert wird.

X. Gerichtliche Kontrolle von Tarifverträgen

Eine Kontrolle tariflicher Vereinbarungen durch die Gerichte ist weitestgehend ausgeschlossen. Dies käme einer Tarifzensur gleich. Auch eine Inhaltskontrolle findet nicht statt, vgl. § 310 Abs. 4 BGB.

Teil 2: Arbeitskampfrecht

I. Einführung

1. Staatliche Neutralität

Regelungsschwierigkeiten der Tarifparteien sollen im freien Spiel der Kräfte ohne staatliche Zwangsschlichtung ausgetragen werden. Dies beruht auf dem Gedanken, dass die unmittelbar betroffenen Parteien besser wissen und aushandeln können, was ihre beiderseitigen und gemeinsamen Interessen betrifft. Wenn keine Einigung über den Tarifvertrag erreicht werden kann, wird

- entweder ein Ausgleich der widerstreitenden Interessen erforderlich oder
- ein Zwangsmittel zur Herbeiführung eines Tarifvertrages.

Der Ausgleich der widerstreitenden Interessen findet durch Schlichtung statt. Ein Zwangsmittel zur Durchsetzung eines Tarifvertrages ist der Arbeitskampf. Dabei ist das Arbeitskampfrecht gesetzlich in keiner Weise geregelt. Es handelt sich um reines Richterrecht. Dass der Arbeitskampf inzwischen als legitimes Mittel zur Durchsetzung von Verbesserungen der Arbeits- und Wirtschaftsbedingungen anerkannt ist, wird bereits dadurch deutlich, dass der Arbeitskampf zwischenzeitlich in einigen wenigen Gesetzen zumindest erwähnt wird. So verpflichtet z.B. § 74 Abs. 2 BetrVG Betriebsräte und Arbeitgeber im Arbeitskampf zur Neutralität. Auch weist § 2 Abs. 2 Nr. 2 ArbGG Rechtsstreitigkeiten im Zusammenhang mit Arbeitskampfmaßnahmen der Zuständigkeit der Arbeitsgerichte zu. Ohne dass das Gesetz die Besonderheiten des Arbeitskampfes näher ausführt, wird doch zumindest deutlich, dass der Gesetzgeber den Arbeitskampf als solchen anerkannt hat.

2. Definition

Eine gesetzliche Definition für den Arbeitskampf existiert nicht. Die Lehre hat das Wesen des Arbeitskampfes wie folgt formuliert:

Der **Arbeitskampf** umfasst alle kollektiven Maßnahmen, durch die die Arbeitgeber- oder Arbeitnehmerseite die Gegenseite absichtlich unter Druck setzt, um ein bestimmtes Ziel zu erreichen.

3. Keine gesetzlichen Regelungen

Das Arbeitskampfrecht ist ein reines Richterrecht. An keiner Stelle nennt das Gesetz die Voraussetzungen oder Rechtsfolgen des Arbeitskampfes. Immerhin wird der Arbeitskampf aber an einigen Stellen genannt:

- Art 9 Abs. 3 GG
- § 2 Abs. 1 Nr. 2 ArbGG
- § 74 Abs. 2 BetrVG.

Daraus lässt sich zumindest ersehen, dass der Arbeitskampf zwischenzeitlich anerkannt ist.

4. Mittel des Arbeitskampfes

Mittel des Arbeitskampfes sind alle kollektiven Maßnahmen zur Störung der Arbeitsbeziehungen. Hierzu gehören vor allem

- Streik
- Aussperrung und
- die Zahlung von Streikbruchprämien.

5. Arten von Arbeitskämpfen

5.1 Unterscheidung nach verfolgtem Ziel

Es gibt verschiedene Möglichkeiten, Arbeitskämpfe zu unterscheiden. So kann man bereits nach den verfolgten Zielen differenzieren. Daraus ergeben sich folgende Arten:

- **Erzwingungsarbeitskampf:** Dies ist die klassische Form des Arbeitskampfes. Dabei ist die Kampfmaßnahme gegen den sozialen Gegenspieler gerichtet, um diesen zur Billigung bisher abgelehnter Forderungen und Arbeitsbedingungen zu bewegen.

- **Warnarbeitskampf** (Warnstreik / Warnaussperrung): Hier wird die Kampfmaßnahme zunächst nur vorübergehend geführt. Ein Warnstreik dauert regelmäßig nicht länger als ein oder zwei Stunden. Ziel ist es, dem sozialen Gegenspieler die Entschlossenheit vor Augen zu führen, auch in einen unbefristeten Erzwingungsarbeitskampf zu treten.

- **Sympathiearbeitskampf:** Ziel eines Sympathiearbeitskampfes ist nicht die Verbesserung der eigenen Arbeitsbedingung, sondern die Kampfmaßnahme wird gegen den sozialen Gegenspieler gerichtet, um zu veranlassen, dass dieser auf seine Kollegen einwirkt und dieser Kollege sich dann den Forderungen bereits Kämpfender beugt.

Beispiel: Aus Sympathie zu streikenden Ärzten und um ein Nachgeben der bestreikten Krankenhäuser zu fördern, legen die Mitarbeiter des Straßenbauamtes die Arbeit nieder.

- **Demonstrationsarbeitskampf:** Dabei handelt es sich um den kollektiven Hinweis auf eine Meinung zu bestimmten politischen, sozialen oder historischen Ereignissen.

- **Politischer Arbeitskampf:** Dieser dient der Druckausübung auf das Parlament und die Regierung, bestimmte Gesetze zu erlassen oder wieder abzuschaffen.

5.2 Parteien des Arbeitskampfes

Ein rechtsmäßiger Arbeitskampf kann nur geführt werden durch

- die Arbeitgeberverbände,
- jeden einzelnen Arbeitgeber und
- die Gewerkschaften.

Dem einzelnen Arbeitnehmer steht damit ohne gewerkschaftliche Beteiligung nicht das Recht zu, die Arbeit zum Zwecke des Arbeitskampfes niederzulegen. Hier kommt allenfalls die Ausübung eines kollektiven Zurückbehaltungsrechts in Betracht.

II. Der Streik

1. Rechtliche Legitimation des Streiks

Allgemein begründet wird die Zulässigkeit von Streiks mit Art. 9 Abs. 3 GG. Wenn der Gesetzgeber die Bildung von Koalitionen zur Wahrung und Förderung der Arbeits- und Wirtschaftsbedingungen zugelassen hat, muss auch ein Mittel zur Verfügung stehen, die eigenen Vorstellungen durch Ausübung von Druck durchzusetzen. Dabei spielte es von jeher eine große Rolle, dass die Arbeitnehmer zumindest in der Vergangenheit der Arbeitgeberseite strukturell unterlegen waren.

2. Begriff

Der Streik ist die von einer größeren Anzahl von Arbeitnehmern planmäßig und gemeinschaftlich geführte Verletzung arbeitsvertraglicher Pflichten zu Erreichung eines gemeinschaftlichen Zieles.

Bereits aus dieser Definition wird deutlich, dass der Streik genau genommen nicht anderes ist, als ein gemeinschaftlich begangener Vertragsbruch. In Zeiten des Arbeitsfriedens hätte dies unweigerlich die Kündigung zur Folge. Im Arbeitskampf ist die Kündigung wegen der reinen Arbeitsniederlegung aber unwirksam. Voraussetzung ist allerdings, dass der Streik auch rechtmäßig ist.

3. Rechtmäßigkeitsvoraussetzungen des Streiks

Ist der Streik rechtmäßig, ist die Teilnahme an ihm allen Arbeitnehmern erlaubt, deren Betriebe durch den sogenannten Kampfbefehl zur Arbeitsniederlegung aufgerufen werden. Sowohl organisierte als auch nichtorganisierte Arbeitnehmer dürfen sich an dem Streik beteiligen, ohne der Gefahr ausgesetzt zu sein, dass dies arbeitsrechtliche Konsequenzen haben kann. Das bedeutet, dass wegen der Streikteilnahme weder abgemahnt noch gekündigt werden darf. Auch Schadenersatzansprüche der Arbeitgeber gegen die Arbeitnehmer wegen der Nichtleistung sind ausgeschlossen.

Beispiel: Zur Sanierung des Bundeshaushalts beschließt die Bundesregierung, die Mehrwertsteuer von 16% auf 19% anzuheben. Die Arbeitnehmer des Unternehmens K in O sind darüber derartig empört, dass sie sich spontan entschließen, die Arbeit auf unbestimmte Zeit niederzulegen. Um ihrer Meinung Ausdruck zu verleihen, ziehen sie mit Transparenten durch die Stadt O und protestieren lautstark gegen die Pläne der Bundesregierung. Als die zuständige Gewerkschaft von dem Geschehen erfährt, erklärt sie sich mit den Streikzielen solidarisch und übernimmt den Streik. Das Unternehmen K hält das Geschehen für unzulässig und will zumindest für die ausgefallene Arbeitszeit keinen Lohn zahlen. Arbeitnehmer W beauftragt daraufhin die Rechtsanwältin S zu prüfen, ob ihm die Lohnzahlung verweigert werden kann. K wiederum will von seinem Justiziar wissen, ob er gegen seine Belegschaft wegen der Arbeitsniederlegung Schadenersatzansprüche geltend machen kann.

Lösung

A. Anspruch des W gegen K auf Zahlung von Lohn gemäß § 611 BGB i.V.m. Arbeitsvertrag.

W könnte gegenüber K einen Anspruch auf Lohn gemäß § 611 BGB i.V.m. dem Arbeitsvertrag haben.

1. Wirksamer Arbeitsvertrag
Das Vorliegen eines wirksamen Arbeitsvertrages kann unterstellt werden. Aus diesem ergibt sich, dass der Arbeitnehmer die vertraglich vereinbarte Leistung zu erbringen hat und der Arbeitgeber im Gegenzug zur Zahlung des vereinbarten Lohns verpflichtet ist.

2. „Ohne Arbeit kein Lohn"
Nimmt ein Arbeitnehmer an einem Streik teil, stellt sich die Frage, wie sich dies auf sein Arbeitsverhältnis auswirkt. Hierzu wurden im Wesentlichen zwei Auffassungen vertreten:

Lösungstheorie: Nach dieser Auffassung kann die Streikteilnahme zu einer Beendigung der vertraglichen Beziehungen zwischen Arbeitgeber und Arbeitnehmer führen. Heute ist die Lösungstheorie überholt und hat allenfalls noch bei der Beurteilung der Aussperrung Bedeutung. Eine Beendigung der vertraglichen Beziehung durch die Streikteilnahme würde jeden Anreiz, sich für die Verbesserung der Arbeitsbedingungen einzusetzen, zunichte machen.

h.M. Suspendierungstheorie: Nach dieser vorherrschenden Auffassung führt die Teilnahme an einem Arbeitskampf zu einem Ruhen der gegenseitigen Hauptleistungspflichten. Der Arbeitnehmer wird damit von seiner Verpflichtung zur Arbeit frei. Umgekehrt ist der Arbeitgeber aber auch nicht verpflichtet, den Lohn zu zahlen. Eine Befreiung des Arbeitgebers von der Lohnzahlungspflicht gilt danach dann erst recht, wenn der gegen ihn geführte Streik „wild" war, also es sich um einen rechtswidrigen Streik handelte. Somit hat W, unabhängig davon, ob es sich um einen rechtmäßigen oder rechtswidrigen Streik handelte, keinen Anspruch gegen K auf Fortzahlung der Vergütung.

B. Anspruch des K gegen seine Belegschaft auf Schadenersatzanspruch gemäß §§ 280 Abs. 1 und Abs. 3, 283 BGB.

K könnte gegen seine Belegschaft einen Anspruch auf Schadenersatz gemäß §§ 280, 283 BGB haben. Dies setzt voraus, dass die Belegschaft in schuldhafter Weise ihre Verpflichtungen aus den Arbeitsverträgen verletzt hat.

1. Wirksamer Arbeitsvertrag
Das Vorliegen wirksamer Arbeitsverträge kann unterstellt werden. Damit liegt ein Schuldverhältnis nach § 611 BGB vor.

2. Unmöglichkeit der Leistung

Der Belegschaft des K müsste die Erbringung der Arbeitsleistung unmöglich geworden sein.

2.1. Bestehen einer Leistungspflicht

Voraussetzung ist zunächst, dass die Belegschaft des K überhaupt zur Arbeitsleistung verpflichtet war. Diese Verpflichtung könnte durch die Teilnahme an einem rechtmäßigen Streik entfallen sein. Nach der heute herrschenden Suspendierungstheorie führt die Teilnahme an einem rechtmäßigen Streik zu einem Ruhen der gegenseitigen Hauptleistungspflichten. Damit entfällt die Verpflichtung zur Arbeitsleistung für den Arbeitnehmer, die zur Lohnzahlung für den Arbeitgeber. Damit hätte während der Teilnahme an der Arbeitsniederlegung keine Leistungspflicht der Belegschaft bestanden. Nach der Beendigung der Protestkundgebung wäre die Leistungspflicht und damit auch der Anspruch auf Lohn wieder aufgelebt. Dies setzt aber voraus, dass die Protestkundgebung in der Stadt O ein rechtmäßiger Streik war.

2.2. Rechtmäßigkeitsvoraussetzungen des Streiks

2.2.1. Tariflich regelbares Ziel

Der Streik ist nur rechtmäßig, wenn er wegen Zielen durchgeführt wird, die rechtmäßig Inhalt eines Tarifvertrages sein können. Die Arbeitsniederlegung wurde wegen der Erhöhung der Mehrwertsteuer geführt. Dies ist kein Ziel, das Gegenstand eines Tarifvertrages sein kann, weil die Tarifparteien auf die Anhebung von Steuern keinerlei Einfluss haben. Damit ist der politische Streik rechtswidrig. Die Arbeitspflicht der Belegschaft war folglich bereits aus diesem Grunde nicht suspendiert.

2.2.2. Tariffähige Partei

Das Recht zum Arbeitskampf steht ausschließlich tariffähigen Parteien zu. Dies sind Arbeitgeber, Arbeitgeber und Gewerkschaften, § 2 TVG. Greifen Arbeitnehmer ohne Beteiligung der Gewerkschaft zum Mittel des Streiks, ist dieser bereits rechtswidrig. Es besteht aber die Möglichkeit, dass eine Gewerkschaft ein bereits begonnenes Streikgeschehen nachträglich übernimmt. Der zunächst wilde Streik wird durch die nachträgliche Übernahme rechtmäßig mit Wirkung ex tunc.

2.2.3. Einhaltung der Friedenspflicht

Weitere Voraussetzung für die Rechtmäßigkeit eines Streiks ist, dass nicht gegen Friedenspflicht verstoßen wird. Während der Laufzeit eines Tarifvertrages sind alle Arbeitskampfmaßnahmen wegen des tariflich geregelten Inhalts verboten, sog. relative Friedenspflicht. Aus dem Sachverhalt ist nicht ersichtlich, ob das Unternehmen einem Tarifvertrag unterliegt. Nur wenn dies der Fall ist und der Tarifvertrag sich noch in der Laufzeit befindet, wäre der Streik auch wegen Verstoßes gegen die Friedenspflicht rechtswidrig.

2.2.4. Einhaltung der Ultima-Ratio

Ein Streik ist nur dann rechtsmäßig, wenn das Ultima-Ratio-Prinzip gewahrt ist. Das bedeutet, dass ein Streik erst dann zulässig ist, wenn alle anderen Möglichkeiten der Verhandlung ausgeschöpft sind. Das Ultima-Ratio-Prinzip hat besondere Bedeutung bei den Warnstreiks erlangt: Im Rahmen der sogenannten *Rechtsprechung zur neuen Beweglichkeit* vertrat das BAG vorübergehend die Auffassung, der Warnstreik sei nicht an das Ultima-Ratio-Prinzip gebunden. Begründet wurde diese Privilegierung des Warnstreiks damit, dass er wegen seiner ausgesprochen kurzen Dauer einen nur „milden Druck" gegenüber dem unbefristeten Erzwingungsstreik darstelle. Bereits aufgrund der kurzen Dauer sei nicht anzunehmen, dass der Warnstreik für die Arbeitgeberseite mit nennenswerten Einbußen verbunden sein könne. Seit 1988 wendet das BAG diese Rechtsprechung nicht mehr an und verlangt nun auch für die Warnstreiks die Einhaltung der Ultima ratio.

Allerdings findet nunmehr bei keinem Streik eine gerichtliche Kontrolle statt, ob tatsächlich alle Verhandlungsmöglichkeiten ausgeschöpft sind. Vielmehr ist die Ultima-Ratio stets dann gewahrt, wenn eine der Parteien nach erfolgten Verhandlungen zum Arbeitskampf aufruft. Daher ist auch eine offizielle Erklärung des Scheiterns der Verhandlungen nicht erforderlich. Nach dem Sachverhalt haben keinerlei Verhandlungen mit der Arbeitgeberseite stattgefunden. Damit ist die Arbeitsniederlegung auch aus diesem Grund rechtswidrig.

Viel diskutiert wird die Frage, welche Bedeutung die Streikurabstimmung für die Ultima-Ratio und damit für die Rechtsmäßigkeit des Streiks hat. Eine Streikurabstimmung ist ein satzungsmäßig geregeltes Verfahren, mit dem die Gewerkschaft ermittelt, ob der Streik von der Mehrheit der Mitglieder der Gewerkschaft auch getragen wird. Es nehmen ausschließlich Gewerkschaftsmitglieder an der Streikurabstimmung teil. Damit verhindert die Streikurabstimmung die Durchführung unerwünschter Streiks. Daneben signalisiert sie dem sozialen Gegenspieler die vorhandene Kampfbereitschaft.

Zum Teil wird die Auffassung vertreten, ein Streik, der ohne oder entgegen dem Ergebnis einer Streikurabstimmung durchgeführt werde, verstoße gegen die Ultima-Ratio. Demgegenüber folgt die Rechtsprechung der Auffassung, die Streikurabstimmung entfalte als rein satzungsmäßig geregeltes Instrument der internen Willensbildung keinerlei Außenwirkung. Funktion der Streikurabstimmung sei allein die Legitimation des Streiks unter den Mitgliedern der Gewerkschaft. Hinzu komme, dass es den nichtorganisierten Arbeitnehmern zwar erlaubt ist, sich an dem Streik zu beteiligen; sie haben aber keine Möglichkeit, an der Streikurabstimmung teilzunehmen.

2.2.5. Einhaltung des Gebots der fairen Kampfführung

Schließlich ist jeder Streik an das Gebot der fairen Kampfführung gebunden. Das bedeutet insbesondere, dass der Streik nicht für die Arbeitgeberseite ruinös sein darf. Außerdem folgt aus dieser Voraussetzung, dass der Streik nicht unverhältnismäßig sein darf. Aus diesem Grund darf durch die Gewerkschaft weder zu Gewalttaten noch zu Betriebsblockaden aufgerufen werden. Die Gewerkschaft hat zu keiner Maßnahme aufgerufen, die gegen das Gebot der fairen Kampfführung verstoßen könnte.

2.2.6. Zwischenergebnis

Die von der Belegschaft durchgeführte Arbeitniederlegung ist aus mehreren Gründen rechtswidrig.

2.3. Zu vertretende Unmöglichkeit

Die Belegschaft müsste die Unmöglichkeit der Arbeitsleistung auch zu vertreten haben. Da die Gewerkschaft das Streikgeschehen nicht von Anfang an getragen hat, konnten die Arbeitnehmer auch nicht davon ausgehen, dass die Arbeitsniederlegung von einem Streikrecht getragen war. Es wäre ihnen ohne weiteres möglich gewesen, sich durch rechtliche Beratung über ihr Streikrecht Gewissheit zu verschaffen. Folglich hat die Belegschaft die Unmöglichkeit ihrer Arbeitsleistung zu vertreten.

3. Ergebnis: K hat gegen seine Belegschaft einen Anspruch auf Schadensersatz gemäß §§ 280 Abs.1 und Abs. 3, 283 BGB.

Niemals erlaubt ist der Streik durch Beamte, Richter und Soldaten. Diese Berufsgruppen sind nach ständiger Rechtsprechung „im Hinblick auf ihre besonderen, verfassungsrechtlich verankerten Rechte und Pflichten gegenüber der Allgemeinheit gemäß Art. 33 Abs. 5 GG, § 54 BBG nicht befugt, zur Förderung gemeinsamer Berufsinteressen kollektive wirtschaftliche Kampfmaßnahmen zu ergreifen. Die Verpflichtung zur Erfüllung öffentlicher Aufgaben im Dienst am ganzen Volke hat für den Beamten auch hier Vorrang vor der Verfolgung sowohl eigener als auch fremder Gruppeninteressen. Deshalb und im Blick auf die gesetzliche Regelung seiner Bezüge und sonstigen Rechte und Pflichten steht der Beamte von vornherein außerhalb des auf jeweils solidarische Vertretung der Gruppeninteressen von Arbeitnehmern einerseits und Arbeitgebern andererseits angelegten Systems von Tarifvertrag und Arbeitskampf."

III. Umfang des Streikrechts

1. Verbot des Streikexzesses

Auch wenn der Streik rechtmäßig ist, sind nicht alle Handlungen der Arbeitnehmer von dem Streikrecht gedeckt. Verboten bleiben insbesondere Körperverletzungen, Sachbeschädigungen, Beleidigung und Nötigung. Überschreiten einzelne Streikende diese Grenzen, spricht man vom sogenannten *Streikexzess.* Dieser berührt zwar nicht die Rechtmäßigkeit des Streiks als solche, allerdings darf der bestreikte Arbeitgeber wegen solcher Handlungen abmahnen und auch kündigen. Erlaubt ist es, allein durch Zureden auf Nichtstreikende Einfluss zu nehmen und diese von der Streikteilnahme zu überzeugen.

2. Haftung der Gewerkschaft durch Zurechnung von Handlungen der Streikenden

Die Streik führende Gewerkschaft kann nicht wegen eines Streikexzesses von Arbeitnehmern auf Schadenersatz in Anspruch genommen werden. Die Streikenden sind weder Erfüllungsgehilfen, § 278 BGB, noch Verrichtungsgehilfen, § 831 BGB der Gewerkschaft. Dies kommt nur in besonderen Fällen in Betracht, nämlich wenn die Gewerkschaft eine Streikleitung oder einen Streikposten einsetzt und sich deren Verschulden zurechnen lassen muss. Die Gewerkschaft haftet für ein Verschulden der Streikleitung über § 31 BGB analog, weil die Streikleitung quasi als verlängerter Arm der Gewerkschaft vor Ort, als verfassungsmäßig berufene Vertreter eingesetzt wird. Die analoge Anwendung des § 31 BGB beruht auf dem Umstand, dass Gewerkschaften ausschließlich als nichtrechtsfähige Vereine organisiert sind. Für Streikposten (auch Streikhelfer) kommt eine Haftung der Gewerkschaft dann gemäß § 831 BGB in Betracht, wenn diese sich nicht hinsichtlich Auswahl und Überwachung der Streikposten exkulpieren kann.

Beispiel: Im Rahmen eines unbefristeten Streiks werden die Arbeitnehmer M und O als Streikposten eingesetzt. Sie sollen die Streikbeteiligung in dem bekämpften Unternehmen X-GmbH kontrollieren und streikunwillige Kollegen von einer Streikteilnahme überzeugen. M und O sind zum ersten Mal als Streikposten eingesetzt. Vor Beginn des Arbeitskampfes wurden sie von der den Kampf führenden Gewerkschaft G darüber belehrt, dass sie allein durch Zureden versuchen dürfen, von einer Teilnahme an dem Streik zu überzeugen.

Am Werkstor der X-GmbH versuchen M und O am Morgen des ersten Streiktages, die Kollegen der Frühschicht von einem Betreten des Betriebs abzuhalten. Sie versuchen den Kollegen P am Betreten des Betriebs zu hindern und halten ihn fest. Als P versucht, sich loszureißen, kommt es zwischen ihm und M und O zu einem Handgemenge. Dabei wird die Hose des P im Wert von 90,00 € zerrissen. P verlangt Schadensersatz von M und O sowie von der Gewerkschaft G. Wie ist die Rechtslage?

A. Anspruch des P gegen M und O wegen Beschädigung der Hose gemäß § 823 Abs. 1 BGB

M und O könnten nach § 823 Abs. 1 verpflichtet sein, dem P für die Beschädigung der Hose Ersatz zu leisten.

1. Rechtsgutverletzung
Es müsste zunächst eine Rechtsgutverletzung eingetreten sein. Dadurch, dass M und O festhielten, um ihn an dem Betreten des Betriebs zu hindern und es zu einem Handgemenge zwischen ihnen und ihm kam, wurde die Hose des P zerrissen. Diese stand im Eigentum des P. Eine Rechtsgutverletzung des P liegt somit vor.

2. Kausalität
Die Handlung von M und O war auch adäquat kausal für die Rechtsgutverletzung bei P. Es liegt auch nicht außerhalb der Lebenserfahrung, dass eine Hose einer Person zerrissen wird, wenn man versucht, diese Person durch Festhalten an dem Betreten eines Betriebes handelte.

3. Rechtswidrigkeit
Es liegen keine Rechtfertigungsgründe für M und O vor. Insbesondere können sie sich nicht auf ihr Streikrecht berufen. Dieses rechtfertigt keine Sachbeschädigungen.

4. Verschulden
M und O müssten die Rechtsgutverletzung auch verschuldet haben. Anhaltspunkte für ein vorsätzliches Handeln gibt es nicht. M und O könnten aber fahrlässig im Sinne von § 276 Abs. 1 S. 2 BGB gehandelt haben. Die Beschädigung der Hose wurde von M und O fahrlässig verursacht, ein derartiger Geschehensablauf ist bei Anwendung der gebotenen Sorgfalt vorhersehbar und vermeidbar.

5. Ergebnis: P kann von M und O den durch die Beschädigung der Hose entstandenen Schaden in Höhe von 90,00 € nach § 249 Abs. 2 S. 1 ersetzt verlangen. M und O haften untereinander als Gesamtschuldner, §§ 840 Abs. 1, 426 Abs. 1 BGB.

B. Anspruch des P gegen M und O auf Schadenersatz in Höhe von 90,00 € gemäß § 823 Abs. 2 BGB i.V.m. §§ 303, 240 StGB.

P könnte daneben von M und O Schadenersatz nach § 823 Abs. 2 BGB i.V.m. §§ 303, 240 StGB wegen der Verletzung eines Schutzgesetzes verlangen. Allerdings erscheint zweifelhaft, ob M und O den Tatbestand der Sachbeschädigung wissentlich und willentlich und damit vorsätzlich verwirklicht haben. Jedoch haben M und O den Tatbestand der Nötigung vollendet, als sie den P mit Gewalt an dem Betreten des Betriebes gehindert haben. P wurde damit gegen seinen Willen gezwungen, sich an der Arbeitsniederlegung zu beteiligen. Damit liegt auch ein Verstoß gegen die negative Koalitionsfreiheit des P gemäß Art. 9 Abs. 3 GG vor. Das Verhalten von M und O ist auch verwerflich i.S.v. § 240 Abs. 2 StGB. Außerdem ist § 240 StGB als Schutzgesetz i.S.v. § 823 Abs. 2 anerkannt. M und O haften damit dem P auch gemäß § 823 Abs. 2 i.V.m. § 240 StGB als Gesamtschuldner, §§ 830 Abs. 1, 840 Abs. 1 BGB.

C. Anspruch des P gegen G gemäß § 831 Abs. 1 S. 1 i.V.m. § 249 Abs. 2 S. 1 BGB wegen der Beschädigung der Hose.

Daneben könnte P einen Anspruch gegen die Gewerkschaft G wegen vermuteten Auswahl- bzw. Überwachungsverschuldens haben.

1. M und O als Verrichtungsgehilfen der G

Voraussetzung für einen Anspruch des P gegen G ist zunächst, dass M und O Verrichtungsgehilfen der G waren. M und O waren von G als Streikposten eingesetzt worden und sind in dieser Eigenschaft als Verrichtungsgehilfen der G anzusehen.

2. In Verrichtung / nicht nur bei Gelegenheit

M und O müssten auch in Verrichtung ihrer Aufgabe als Streikposten gehandelt haben und nicht nur bei Gelegenheit. Das Festhalten des P und die dabei verursachte Beschädigung seiner Hose standen in einem unmittelbaren Zusammenhang mit ihrer aufgetragenen Verrichtung und nicht nur bei Gelegenheit ihrer Aufgabenerfüllung als Streikposten.

3. Widerrechtliche Verursachung eines Schadens bei P durch M u. O

Weiterhin müsste dem P durch M und O widerrechtlich ein Schaden zugefügt worden sein. Das ist dann der Fall, wenn M und O den objektiven Tatbestand einer unerlaubten Handlung rechtswidrig erfüllt haben. Durch ihr Verhalten haben M und O die Hose des P beschädigt und damit sein Eigentum verletzt. Der objektive Tatbestand des § 823 Abs. 1 BGB ist somit erfüllt. M und O handelten dabei mangels Rechtfertigungsgründen auch rechtswidrig.

4. Exkulpation der Gewerkschaft G

Möglicherweise kann sich die Gewerkschaft exkulpieren. Dazu müsste die Gewerkschaft M und O sorgfältig ausgesucht und auch ordnungsgemäß überwacht haben. Hinsichtlich der Auswahl von M und O ist kein Verschulden der Gewerkschaft ersichtlich. Fraglich ist allerdings, ob sie M und O auch ordnungsgemäß überwacht hat. M und O wurden erstmalig als Streikposten eingesetzt. Zudem handelte es sich um den ersten Tag des Arbeitskampfes. Die Gewerkschaft wäre daher verpflichtet gewesen, M und O zu kontrollieren und sich davon zu überzeugen, dass M und O ihre Aufgabe ordnungsgemäß erfüllen. Da G eine solche Kontrolle bei M und O nicht durchgeführt hat, kann sie sich nicht auf den Entlastungs-beweis nach § 831 Abs. 1 S. 2 BGB berufen. P kann daher auch von G Ersatz für die Hose gemäß § 249 Abs. 2 S. 1 verlangen.

5. Ergebnis: P kann von der Gewerkschaft G Ersatz für die Hose in Höhe von 90,00 € gemäß § 831 Abs. 1 i.V.m. § 249 Abs. 2 S. 1 BGB verlangen.

3. Sonderfall: Wellenstreik

In jüngerer Vergangenheit haben die insbesondere in der Druckindustrie geführten Wellenstreiks für Diskussion gesorgt. Taktik hierbei ist es, in den einzelnen Abteilungen und Schichten jeweils zu verschiedenen Zeiten zur Arbeitsniederlegung aufzurufen. Dadurch werden zum einen Abwehrmaßnahmen des Arbeitgebers erschwert, zum anderen führt der Wellenstreik in extrem zeitgebundenen Branchen zu einer Ausweitung des Streiks auch auf andere Abteilungen, wenn diese aufgrund des Streiks ebenfalls nicht produzieren können. In der Produktion einer Tageszeitung erkannte das BAG 1999 die Herstellung einer Notausgabe mit einer Notmannschaft als zulässige Abwehrmaßnahme an. Dies hatte zur Folge, dass die Lohnansprüche der streikenden Arbeitnehmer, die innerhalb einer Schicht zwei Mal einem Streikaufruf gefolgt waren, für die ganze Arbeitsschicht entfielen. Dem Arbeitgeber wurde angesichts der „Streikanfälligkeit“ seiner Belegschaft nicht zugemutet, die angebotene Arbeitsleistung nach erfolgter Streikbeteiligung anzunehmen, weil er damit hätte rechnen müssen, dass seine Mitarbeiter bei einem weiteren Streikaufruf diesem erneut gefolgt wären. Dies hätte die gesamte Produktion gefährden können.

IV. Auswirkungen des Streiks auf das Arbeitsverhältnis

1. Verbot von Kündigung und Abmahnung bei rechtmäßigem Streik

Nimmt der Arbeitnehmer an einem rechtmäßigen Streik teil, ist jede deswegen ausgesprochene Kündigung oder auch Abmahnung unwirksam. Auch Schadenersatzansprüche kann der

Arbeitgeber nicht von einem Arbeitnehmer verlangen, solange dieser nicht die Grenzen des Streikrechts überschreitet.

2. Teilnahme an rechtwidrigem Streik

Ist der Streik rechtswidrig, greift die Suspendierungstheorie nicht ein. Der Arbeitnehmer verletzt mit der Arbeitsniederlegung seinen Arbeitsvertrag und muss mit einer Abmahnung bis hin zu einer außerordentlichen Kündigung rechnen. Lediglich dann, wenn der Arbeitnehmer nicht erkennen konnte, dass der Streik rechtswidrig ist, ist er vor der Kündigung weitestgehend geschützt. Dies setzt allerdings voraus, dass die Gewerkschaft zu der Arbeitsniederlegung aufgerufen hatte. Hätte der Arbeitnehmer selbst durch die Einholung von Rechtsrat nicht erkennen können, dass der Streik wild ist, greift zu seinen Gunsten die sog. *doppelte Vermutung der Rechtmäßigkeit.* Sie lautet:

(1) Der von einer Gewerkschaft zur Wahrung und Förderung der Arbeits- und Wirtschaftsbedingungen geführte Streik trägt die Vermutung der Rechtmäßigkeit in sich.

(2) Der von der Gewerkschaft geführte Streik hat die Wahrung und Förderung der Arbeits- und Wirtschaftsbedingungen zum Gegenstand.

Diese Vermutung wird bei der Interessenabwägung einer aufgrund des Arbeitskampfes ausgesprochenen Kündigung berücksichtigt. Sie ist allerdings alles andere als ein „Freifahrschein“. Grundsätzlich ist der Arbeitnehmer nämlich verpflichtet, rechtskundigen Rat einzuholen, wenn er zuverlässige Auskunft über Rechte und Pflichten im Falle des Arbeitskampfes benötigt. Nur dann, wenn die Rechtswidrigkeit des Streiks nicht erkennbar gewesen wäre, wenn der Arbeitnehmer sich an dritter Stelle erkundigt hätte, wird das Risiko, an einem rechtswidrigen Streik teilzunehmen, begrenzt.

3. Auswirkungen der Teilnahme an einem Streik auf die Entgeltfortzahlung

3.1 Ruhen der gegenseitigen Hauptleistungspflichten

Nach der von der h.M. vertretenen Suspendierungstheorie führt die Teilnahme an einem Streik zu einem Ruhen der gegenseitigen Hauptleistungspflichten. Damit entfällt zwar die Pflicht des Arbeitnehmers, die vertraglich geschuldete Hauptleistungspflicht zu erbringen, er verliert aber auch seinen Anspruch auf Lohn. Ansprüche auf Arbeitslosengeld bestehen nicht, da die Zahlung einer solchen Leistung an die Streikenden die staatliche Neutralitätspflicht verletzen würde. Organisierte Arbeitnehmer erhalten regelmäßig eine sog. Streikunterstützung (oder auch Streikgeld) von ihrer Gewerkschaft, wenn diese zum Streik aufruft. Die Höhe des Streikgeldes liegt durchschnittlich bei 66% des Nettoeinkommens. Arbeitnehmer, die nicht Mitglied der Gewerkschaft sind, sich aber dennoch am Streik beteiligen, haben solche Ansprüche nicht. Sie müssen sich während des Streiks selbst finanzieren und z.B. auf Erspartes zurückgreifen.

3.2 Entgeltfortzahlung wegen Krankheit, § 3 EFZG

Steht der Arbeitnehmer während des Streiks nicht an seinem Arbeitsplatz, sondern mit einem Transparent in der Hand vor dem Werkstor, ist es offensichtlich, dass nach der Suspendierungstheorie kein Anspruch auf Lohn besteht. Schwieriger sind diejenigen Fälle zu beurteilen, an denen der Arbeitnehmer zu dieser Zeit ohnehin nicht gearbeitet hätte, insbesondere deswegen, weil er arbeitsunfähig erkrankt ist.

Beispiel: In dem Betrieb des Arbeitgebers B wird ab dem 01.10. gestreikt. Der C, Arbeitnehmer des B, ist seit dem 20.09. nicht mehr zur Arbeit erschienen, weil er arbeitsunfähig krank ist. Welche Auswirkungen hat das Streikgeschehen auf den Anspruch des C auf Entgeltfortzahlung wegen Krankheit?

Lösung

Fraglich ist, ob der Streik bei B zum Wegfall des Entgeltfortzahlungsanspruchs i.S.v. § 3 EFZG des C führt.

1. Arbeitsverhältnis

Grundlage der Entgeltfortzahlung wegen Krankheit ist der Arbeitsvertrag. Dieser liegt zwischen B und C unproblematisch vor.

2. Wartezeit, § 3 Abs. 3 EFZG

Weiterhin müsste die Wartezeit erfüllt sein. Diese beträgt nach § 3 Abs. 3 EFZG vier Wochen. Das Erfüllen der Wartezeit kann bei C unterstellt werden.

3. Krankheit
Außerdem müsste C krank sein. Krankheit ist jeder regelwidrige geistige oder körperliche Zustand, der in der Notwendigkeit der Heilbehandlung oder in der Arbeitsunfähigkeit wahrnehmbar zu Tage tritt. Gemäß den Angaben im Sachverhalt liegt bei C eine Krankheit vor.

4. Arbeitsunfähigkeit
Eine Arbeitsunfähigkeit ist dann gegeben, wenn es die Krankheit dem Arbeitnehmer unmöglich macht, die vertraglich geschuldete Tätigkeit zu erbringen oder nur unter der Gefahr fortzusetzen, den Gesundheitszustand in absehbarer naher Zukunft zu verschlimmern. Dem Sachverhalt ist zu entnehmen, dass C seit dem 20.09. arbeitsunfähig ist. Auch diese Voraussetzung ist daher gegeben.

5. Kausalität
Allerdings ist zwischen Krankheit und Arbeitsunfähigkeit eine Kausalität erforderlich. Die Krankheit muss daher die alleinige Ursache der Arbeitsunfähigkeit sein. Mit anderen Worten: Wäre der C nicht krank gewesen, hätte er gearbeitet. Angesichts des bei B geführten Streiks erscheint die Kausalität fraglich. Der B könnte den Ansprüchen des C entgegenhalten, dass dieser wegen des Streiks auch dann nicht gearbeitet hätte, wenn er nicht krank gewesen wäre.

Die h.M. beurteilt die vor dem Streik eingetretene Arbeitsunfähigkeit wie folgt: Ist der Arbeitnehmer bereits vor dem Beginn des Arbeitskampfes arbeitsunfähig krank und hält der Arbeitgeber den Betrieb zumindest teilweise aufrecht, so kann nicht in jedem Fall davon ausgegangen werden, dass sich der Arbeitnehmer an dem Streik beteiligt. Es ist vielmehr Sache des Arbeitnehmers, ausdrücklich oder konkludent gegenüber dem Arbeitgeber zu erklären, ob er sich an dem Streik beteiligt. Vorliegend hat C weder ausdrücklich noch konkludent gegenüber dem B erklärt, er beteilige sich an dem Streik. Sein Anspruch auf Entgeltfortzahlung besteht daher in voller Höhe.

Abwandlung
Wie ist die Rechtslage, wenn C erst am 05.10. arbeitsunfähig erkrankt und sich bis zu diesem Zeitpunkt an dem Streik beteiligt hat?

Hat sich der Arbeitnehmer vor der Arbeitsunfähigkeit bereits an dem Streik beteiligt, entfällt mangels Kausalität zwischen Krankheit und Arbeitsunfähigkeit der Anspruch auf Entgeltfortzahlung. Die Krankheit stellt nunmehr nicht mehr die alleinige Ursache der Arbeitsunfähigkeit dar. Vielmehr ist davon auszugehen, dass C auch dann nicht gearbeitet hätte, wenn er arbeitsfähig gewesen wäre. In diesem Fall hätte C allerdings, vorausgesetzt er ist Mitglied der gesetzlichen Krankenversicherung, einen Anspruch auf Krankengeld gemäß § 44 SGB V. Der Anspruch gegen die Krankenkasse bleibt von dem Streikgeschehen unberührt; er beruht allein auf der Mitgliedschaft des C in der Solidargemeinschaft.

3.3 Entgeltfortzahlung wegen eines gesetzlichen Feiertages, § 2 EFZG

Nach § 2 EFZG ist der Arbeitgeber auch verpflichtet, das Entgelt an gesetzlichen Feiertagen fortzuzahlen, wenn ohne diesen in dem Betrieb gearbeitet worden wäre. Voraussetzung ist auch hier, dass der gesetzliche Feiertag die alleinige Ursache der Arbeitsverhinderung ist. Auch hier stellt sich das Problem, wann diese Voraussetzung erfüllt ist.

Beispiel: Die Gewerkschaft G hat in der Woche vor Ostern in dem Unternehmen des V zu einem rechtmäßigen Streik aufgerufen. In dem Unternehmen des V wird von Montag bis Freitag gearbeitet. Am Gründonnerstag erklärt die G gegenüber V, sie setzte den Streik bis zum Dienstag nach Ostern aus. V ist nicht bereit, für Karfreitag und Ostermontag Lohn zu zahlen. Zu Recht?

Lösung: Das Unternehmen ist zur Entgeltfortzahlung für Karfreitag und Ostermontag verpflichtet, wenn der gesetzliche Feiertag die alleinige Ursache dafür war, dass die Arbeitnehmer an diesen Tagen nicht gearbeitet haben. Bis zum Gründonnerstag war die Lohnzahlungspflicht von G suspendiert, weil sich die Arbeitnehmer in einem rechtmäßigen Streik befanden. Die Verpflichtung zur Lohnzahlung könnte aber dadurch wieder aufgelebt sein, dass die G den Streik über die Feiertage ausgesetzt hat. Alleinige Ursache für die Arbeitsverhinderung ist der Feiertag aber nur dann, wenn der Streik rechtzeitig vor den Feiertagen beendet wurde. Eine Beendigungserklärung liegt aber nicht in dem Aussetzen eines Streiks. Für eine tatsächliche Beendigung des Streiks hätten die Arbeitnehmer am Gründonnerstag aufgefordert werden müssen, die Arbeit am Dienstag nach Ostern wieder aufzunehmen. Eine solche Aufforderung hat die G aber nicht abgegeben. Damit war der Feiertag nicht die alleinige Ursache des Streiks. Folglich kann C die Zahlung des Lohns für Karfreitag und Ostermontag mit Recht verweigern.

3.4 Streikteilnahme und Weihnachts- bzw. Urlaubsgeld

Die Teilnahme an einem – auch rechtmäßigen Streik - kann außerdem Auswirkungen auf das Weihnachts- bzw. Urlaubsgeld haben. So besteht die Möglichkeit, dass der Arbeitgeber das Weihnachtsgeld anteilig kürzen kann, ohne dass hierin ein Verstoß gegen das Maßregelungsverbot, § 612a, BGB zu sehen wäre. Anspruchsgrundlage für das Weihnachts- und Urlaubsgeld kann ein Tarif- oder Arbeitsvertrag sein. Außerdem kann der Anspruch auf betrieblicher Übung oder Gesamtzusage beruhen.

Die Frage, ob und in welchem Umfang der Arbeitgeber diese Leistungen kürzen kann, hängt entscheidend davon ab, welcher Zweck mit den Zahlungen verfolgt wird. Man unterscheidet hier Leistungen mit reinem Entgeltcharakter, Leistungen mit reinem Treuecharakter und Leistungen mit Mischcharakter.

3.4.1 „13. Gehalt“

Leistungen mit reinem Entgeltcharakter stellen eine reine zusätzliche Vergütung für tatsächlich erbrachte Arbeit dar. Man spricht hier auch von dem „13. Gehalt.“ Es gilt „ohne Arbeit kein Lohn.“ Sie begründen einen echten Rechtsanspruch und stehen unter dem Motto „verdient und angespart.“ Bereits aus diesem Zweck der Leistung folgt, dass der Arbeitgeber hier uneingeschränkt für jeden Tag der Streikteilnahme anteilig kürzen kann. Denn nimmt der Arbeitnehmer an einem Streik teil, rechtmäßig oder nicht, kann er für diese Zeiten weder etwas verdienen, noch etwas ansparen.

3.4.2 Treueprämien

Leistungen mit reinem Treuecharakter hingegen belohnen allein den rechtlichen Bestand des Arbeitsverhältnisses in der Vergangenheit oder wollen künftige Betriebstreue motivieren. Der Arbeitgeber erwartet bei Erbringung dieser Leistungen nicht, dass der Arbeitnehmer auch gearbeitet hat (deswegen sind diese Leistungen auch ausgesprochen selten), sondern er honoriert allein die bereits erwiesene oder künftig zu erwartende Betriebstreue. Aus diesen Merkmalen folgt, dass ein Kürzungsrecht des Arbeitgebers bei Treueprämien ausgeschlossen ist. Wegen der Suspendierungstheorie bleibt der Bestand des Arbeitsverhältnisses durch die Streikteilnahme unberührt. Der Arbeitnehmer erfüllt trotzt der Arbeitsniederlegung den Zweck, wegen dem ihm die Leistung gewährt wird.

3.4.3 Leistungen mit Mischcharakter

Leistungen mit Mischcharakter stellen sowohl Treueprämie für bereits erwiesene oder künftige Betriebstreue auf der einen Seite als auch zusätzliches Entgelt für tatsächlich geleistete Arbeit auf der anderen Seite dar.

Beispiel: „Als Belohnung für geleistete Arbeit und in Erwartung auch künftiger Treue erhält der Arbeitnehmer anlässlich des Weihnachtsfestes eine Sonderzahlung in Höhe von ... %."

Hier gilt, dass der Arbeitgeber nur dann ein Kürzungsrecht hat, wenn er dies im Vorfeld mit dem Arbeitnehmer vereinbart hat. Dabei muss der Arbeitgeber konkret benennen, dass Kürzungstatbestand eine Streikteilnahme sein soll.

3.4.4 Zahlungen unter Freiwilligkeitsvorbehalt

Weitaus umfassender ist das Kürzungsrecht des Arbeitgebers allerdings dann, wenn er sich die Freiwilligkeit der Leistung vorbehält.

Beispiel: „Die Zahlung des Weihnachts-/ Urlaubsgelds erfolgt freiwillig und ohne Anerkennung einer Rechtspflicht."

In diesen Fällen besteht so lange kein Anspruch des Arbeitnehmers auf die Leistung, wie sie ihm gegenüber nicht Jahr für Jahr zugesagt wird. So lange diese Zusage nicht erfolgt, steht es dem Arbeitgeber frei, von seinem Freiwilligkeitsvorbehalt Gebrauch zu machen und die Leistung allen Arbeitnehmern zu verweigern. Daraus folgt auch, dass bei Verwendung eines Freiwilligkeitsvorbehalts die Anspruchsvoraussetzungen jedes Mal durch den Arbeitgeber neu festgelegt werden können. Er ist dabei allein durch das Maßregelungsverbot gemäß § 612a BGB begrenzt.

4. Unzumutbarkeit von Streikarbeit

Arbeitnehmer können sich weigern, eine andere als die vertraglich geschuldete Arbeit zu verrichten, so genannte Streikarbeit. Aus Solidaritätsgründen ist es für sie unzumutbar, für die streikenden Kollegen einzuspringen. Auch das Direktionsrecht des Arbeitgebers kann eine solche Verpflichtung nicht begründen.

5. Suspendierung der Mitbestimmungsrechte des Betriebsrates

Gemäß § 74 Abs. 2 BetrVG sind Maßnahmen des Arbeitskampfes zwischen Arbeitgeber und Betriebsrat verboten, sog. Neutralitätspflicht der Betriebsräte. Dies schließt zwar nicht aus, dass sich Betriebsratsmitglieder rechtmäßig an einem Streik beteiligen. Verboten ist daher insbesondere, dass die Mitarbeitervertretungen zur Arbeitsniederlegung aufrufen oder der Betriebsrat durch seine Erklärungen in das Streikgeschehen eingreift.

Die betriebsverfassungsrechtlich geregelten Mitbestimmungsrechte stehen aber zu der Neutralitätspflicht im Widerspruch, weil der Betriebsrat umfassende Möglichkeiten hat, in das Arbeitskampfgeschehen einzugreifen.

Beispiel: Will ein bestreikter Arbeitgeber Überstunden anordnen, darf er dies nur, wenn er dies mit seinem Betriebsrat vereinbart, § 87 abs. 1 Nr. 3 BetrVG. Verweigert der Betriebsrat sein Einverständnis, darf der Arbeitgeber keine Überstunden festlegen. Der Betriebsrat hätte es damit in der Hand, ob der Arbeitgeber die Folgen des Streiks abmildern kann oder nicht. Damit wäre eine Neutralität des Betriebsrats entgegen § 72 Abs. 2 BetrVG ausgeschlossen.

Um eine Einhaltung der Neutralitätspflicht zu garantieren, sind die Mitbestimmungsrechte des Betriebsrates in den bestreikten Betrie-ben suspendiert. Damit behält der Betriebsrat zwar sein Amt, der Arbeitgeber muss ihn aber nicht beteiligen, wenn er die Streik-folgen abwenden will. Folglich darf der Arbeitgeber z.B. Kurzarbeit oder auch Überstunden anordnen, ohne den Betriebsrat nach § 87 Abs. 1 Nr. 2 bzw. Nr. 3 BetrVG beteiligen zu müssen. Auch die Einstellung von Arbeitnehmern zur Abwehr der Streikfolgen (Aus-hilfen, Leiharbeitnehmer) ist ohne Beteiligung des Betriebsrates nach § 99 BetrVG zulässig. Selbst eine Kündigung, sofern sie in unmittelbaren Zusammenhang mit dem Streik steht, löst nicht die Mitbestimmungsrechte nach § 102 BetrVG aus. Zu beachten ist allerdings, dass die Suspendierung der Mitbestimmungsrechte ausschließlich für Maßnahmen gilt, die der Abwehr des Streiks dienen. Bei solchen Maßnahmen, die keinen Bezug zum Streik haben, ist der Betriebsrat wie auch in Zeiten des Arbeitsfriedens zu beteiligen.

V. Durchführung von Not- und Erhaltungsarbeiten

Ergebnis des Grundsatzes der Verhältnismäßigkeit ist es auch, dass ein Streik den sozialen Gegenspieler nicht vernichten darf. Außerdem dürfen Außenstehende, wie z.B. die Bevölkerung, durch den Arbeitskampf nicht in Mitleidenschaft gezogen werden. Daher sind auch im Falle eines Streiks so genannte Not- und Erhaltungsarbeiten durchzuführen. Dabei dienen Notarbeiten dem Schutz der Bevölkerung und sichern die Versorgung mit lebensnotwendigen Diensten und Gütern. Erhaltungsarbeiten sollen sicherstellen, dass ein Streik für den Unternehmer nicht ruinös wird und eine Wiederaufnahme der betrieblichen Tätigkeit nach Beendigung des Arbeitskampfes gewährleisten.

Nicht zu den Erhaltungsarbeiten gehören allerdings solche Arbeiten, die nur deswegen erforderlich werden, weil nichtstreikende, arbeitswillige Arbeitnehmer weiterbeschäftigt werden sollen. Für Arbeitnehmer, die zur Leistung von Not- oder Erhaltungsarbeiten herangezogen werden, bedeutet dies eine Verpflichtung, diese Tätigkeiten zu leisten. Sie dürfen sich folglich nicht an dem Streik beteiligen. Widersetzt sich ein Arbeitnehmer der Anordnung, die Not- und Erhaltungsarbeiten abzuleisten, riskiert er damit die Kündigung seines Arbeitsverhältnisses.

VI. Aussperrung

1. Definition

Die Aussperrung, auch *lock out* genannt, ist die von einem oder mehreren Arbeitgebern planmäßig erfolgte Arbeitsausschließung mehrerer Arbeitnehmer unter Verweigerung der Lohnfortzahlung zur Erreichung bestimmter Ziele.

Letztlich ist damit die Aussperrung das spiegelbildliche Instrument zum Streik. Die rechtliche Anerkennung des Aussperrungsrechts war allerdings ungleich umstrittener und langwieriger. Insbesondere wurde entgegengesetzt, die Arbeitgeberseite, ohnehin schon strukturell überlegen, benötige kein eigenes Kampfmittel. Erst mit der sogenannten Aussperrungsentscheidung hat der Große Senat des BAG 1971 das Aussperrungsrecht der Arbeitgeberseite anerkannt. Ausschlaggebend war dabei auch die Überlegung, dass die Arbeitgeberseite im Falle des Arbeitskampfes sich ohne Recht zur Aussperrung letztlich den von den Gewerkschaften erhobenen Forderungen nur beugen kann. Dies widerspricht allerdings dem Gedanken, frei und fair ausgehandelter Tarifverträge. Ein Verhandeln setze nämlich voraus, dass beide Vertragsparteien zur Durchsetzung der eigenen Forderungen auf die Gegenseite Druck ausüben können. Allerdings wurde das Aussperrungsrecht unter strenge Grenzen gesetzt, um eine Verschiebung der Kampfparität zu Lasten der Arbeitnehmer zu verhindern.

2. Arten der Aussperrung

2.1 Suspendierende Aussperrung

Genau wie auch beim Streik, kann die Aussperrung durchgeführt werden, um die gegenseitigen Hauptleistungspflichten zu suspendieren.

Der Arbeitgeber verweigert – insbesondere den arbeitswilligen Arbeitnehmern – den Zugang zu ihrem Arbeitsplatz und lässt so den Anspruch auf den vertraglich geschuldeten Lohn entfallen. Die suspendierende Aussperrung ist damit eine aggressive Handlung: Der Arbeitgeber lehnt die angebotene Arbeitsleitung ab und bezieht den arbeitswilligen Arbeitnehmer damit gegen dessen Willen mit in den Arbeitskampf ein.

2.2 Lösende Aussperrung

Es ist nicht ausgeschlossen, dass die Aussperrung auch zu einer Beendigung des Arbeitsverhältnisses führen kann. Auch die h.M. hat die Möglichkeit der lösenden Aussperrung in Anwendung der Lösungstheorie zwischenzeitlich anerkannt. Allerdings soll die lösende Aussperrung ein absoluter Ausnahmefall bleiben. Sie ist aber denkbar, wenn der geführte Streik rechtswidrig ist. Bei einem rechtmäßigen Streik kommt die Aussperrung allenfalls dann in Betracht, wenn dieser bereits sehr lang andauert und für die Arbeitgeber mit wirtschaftlich schwerwiegenden Verlusten verbunden ist. Dabei kann die lösende Aussperrung grundsätzlich gegenüber jedem Arbeitnehmer erklärt werden. Es handelt sich hier nicht um eine Kündigung, sondern um einen Beendigungstatbestand sui generis. Damit entfalten weder die Vorschriften des KSchG, noch die Bestimmungen über besonderen Kündigungsschutz Wirkung, da diese ausschließlich vor der Kündigung, nicht aber vor der Beendigung des Arbeitsverhältnisses durch andere Beendigungstatbestände schützen. Um eine Umgehung des besonderen Kündigungsschutzes zu vermeiden, herrscht allerdings Einigkeit darüber, dass die lösende Aussperrung gegenüber Arbeitnehmern, die Kündigungsschutz gemäß § 17 MuSchG, § 168 SGB IX oder wegen § 15 KSchG genießen, nur eine suspendierende Wirkung entfaltet.

2.3 Abwehraussperrung

Die Aussperrung ist anerkannt als Abwehrmaßnahme gegen einen geführten Streik. Dabei spielt es keine Rolle, ob es sich um einen rechtmäßigen oder rechtswidrigen Streik handelt.

2.4 Angriffsaussperrung

Es kann aber auch nicht ausgeschlossen werden, dass eine Aussperrung zulässigerweise das Kampfgeschehen eröffnet. Allerdings hat die Angriffsaussperrung keine praktische Bedeutung erlangt.

VII. Rechtmäßigkeitsvoraussetzungen der Aussperrung

Beispiel: In Niedersachsen kommt es im Sommer 2012 zu einem Streik. Nach satzungsmäßig durchgeführtem Verfahren ruft die Gewerkschaft Verdi zu einem Streik auf, an dem sich ca. 30% des Tarifgebietes beteiligen. Der Arbeitgeberverband, in dem die bestreikten Unternehmen Mitglied sind, will auf den Streik mit einer Aussperrung reagieren. Wäre eine Aussperrung unter den genannten Umständen zulässig?

Lösung

Vorraussetzungen der Aussperrung

1. Vergleichbare Voraussetzungen wie beim Streik
Die Rechtsmäßigkeitsvoraussetzungen der Aussperrung sind zunächst die gleichen wie die des Streiks. So muss auch die Aussperrung auf ein tariffähiges Ziel gerichtet sein und darf ebenfalls nicht gegen die Friedenspflicht verstoßen. Dabei steht das Recht zur Aussperrung nicht nur den Arbeitgeberverbänden zu. Jeder einzelne Arbeitgeber ist gemäß § 2 Abs. 1 TVG tariffähig und damit in der Lage, die Forderungen einer Gewerkschaft durch Abschluss eines Firmentarifvertrages zu erfüllen.

2. Eindeutige Aussperrungserklärung
Für eine rechtmäßige Aussperrung ist außerdem erforderlich, dass diese eindeutig erklärt wird. Dabei muss aus der Erklärung hervorgehen, dass es sich um eine Kampfhandlung handelt und damit der Arbeitnehmer gegen seinen Willen in das Arbeitskampfgeschehen einbezogen wird. Nicht ausreichend ist daher eine Erklärung, dass die Arbeitnehmer nach Hause gehen können. Weiterer Inhalt einer Aussperrungserklärung ist die Angabe, welche Arbeitnehmer ab welchem Zeitpunkt von der Aussperrung betroffen sein werden.

3. Verhältnismäßigkeit
Nicht auf jeden Streik darf mit der Aussperrung reagiert werden. Aussperrungen sind nach dem Grundsatz der Verhältnismäßigkeit nur zulässig, wenn sie zur Herstellung der Kampfparität zwischen den kämpfenden Parteien erforderlich ist. Das BAG führte 1980 die sog. Hälftegrenze ein, die für die Beurteilung der Verhältnismäßigkeit von Aussperrungen von wesentlicher Bedeutung war. Danach galt:

- Wenn durch einen Aussperrungsbeschluss weniger als 25% der Arbeitnehmer eines Tarifgebietes zur Arbeitsniederlegung aufgeordert werden, darf die Arbeitgeberseite noch weitere 25% der Arbeitnehmer aussperren.
- Befinden sich mehr als 25% der Arbeitnehmer des Tarifgebietes im Streik, darf die Arbeitgeberseite noch so viele Arbeitnehmer aussperren, bis sich maximal 50% der Arbeitnehmer an dem Arbeitskampf beteiligen.

Diese Rechtsprechung des BAG ist scharfer Kritik unterzogen worden und wurde als „Aussperrungsarithmetik“ bezeichnet. Nach den Regelungen der Hälftegrenze dürfte in einem Tarifgebiet, in dem mehr als 50% der Arbeitnehmer streiken, kein weiterer Arbeitnehmer mehr ausgesperrt werden. Umgekehrt wäre denkbar, dass bei einem Streikbeschluss, der z.B. 10% der Arbeitnehmer zur Arbeitsniederlegung aufruft, eine Aussperrung von weiteren 25% nicht unverhältnismäßig ist. Je intensiver also der Streik gegen die Arbeitgeber geführt wird, umso weniger Möglichkeiten zur Aussperrung bestehen. Das BAG hat zwar seine Rechtsprechung zur Hälftegrenze nicht ausdrücklich aufgegeben. In seiner weiteren Rechtsprechung hat es allerdings nur noch auf ein auffälliges Missverhältnis zwischen den streikenden Arbeitnehmern einerseits und der Anzahl der Arbeitnehmer in dem Streikbeschluss abgestellt.

4. Aussperrungsbeschluss

Betrifft der Arbeitskampf einen Verbandstarifvertrag, so ist nur der zuständige Arbeitgeberverband befugt, eine Aussperrung zu verhängen. Das bedeutet, dass vergleichbar dem Streikbeschluss, der Arbeitgeberverband einen Aussperrungsbeschluss zu fassen hat. Sperrt ein verbandsangehöriger Arbeitgeber aus, ohne durch den Aussperrungsbeschluss dazu aufgefordert worden zu sein, ist die Aussperrung bereits aus diesem Grund rechtswidrig (Verbot der „wilden Aussperrung“). Andererseits darf auch ein Außenseiter-Arbeitgeber aussperren, wenn der Arbeitgeberverband zur Aussperrung aufgerufen hat, und der Abschluss des Tarifvertrages für den Außenseiter Auswirkungen entfaltet.

5. Selektionsverbot

Aus Art. 9 Abs. 3 GG folgt, dass sich die Aussperrung nicht ausschließlich gegen Mitglieder der streikenden Gewerkschaft richten darf. Eine derartige selektive Aussperrung verstieße gegen die Koalitionsfreiheit und wäre rechtswidrig.

6. Ergebnis: Bei Einhaltung der Rechtmäßigkeitsvoraussetzungen, die die Rechtsprechung entwickelt hat, wäre eine Aussperrung in Niedersachsen zulässig. Insbesondere bestehen hinsichtlich der Verhältnismäßigkeit keine Bedenken, da auch nach der Hälftegrenze eine Aussperrung von Arbeitnehmern möglich ist.

VIII. Rechtsfolgen der Aussperrung

1. Suspendierende Aussperrung

Auch für die suspendierende Aussperrung gilt, dass sie den Bestand des Arbeitsverhältnisses nicht berührt. Folge einer suspendierenden Aussperrung ist damit, dass nach Beendigung des Arbeitskampfes alle Rechte und Pflichten aus dem Arbeitsverhältnis wieder aufleben.

Der Arbeitnehmer ist wieder verpflichtet, zu arbeiten und der Arbeitgeber schuldet dafür den vereinbarten Lohn.

2. Lösende Aussperrung

Auch wenn Streik und Aussperrung grundsätzlich nur suspendierende Wirkung entfalten, ist die Möglichkeit der lösenden Aussperrung, z.B. als Reaktion auf einen rechtswidrigen Streik, nicht ausgeschlossen. Aus dem Gebot der Verhältnismäßigkeit folgert die Rechtsprechung, dass der Arbeitgeber aufgrund seiner Fürsorgepflicht nach Ende der lösenden Aussperrung grundsätzlich zur Wiedereinstellung der lösend ausgesperrten Arbeitnehmer verpflichtet ist, vgl. § 315 Abs. 3 BGB. Dabei handelt es sich allerdings nicht um die Fortführung des ursprünglichen, sondern um Begründung eines neuen Arbeitsverhältnisses. Der Anspruch auf Wiedereinstellung der lösend ausgesperrten Arbeitnehmer kann nach Treu und Glauben (§ 242) dadurch entfallen, dass der Arbeitgeber nach Beendigung des Arbeitskampfes nicht mehr in der Lage ist, alle Arbeitnehmer wiedereinzustellen, weil es an entsprechenden Arbeitsmöglichkeiten fehlt. Außerdem kann der Arbeitgeber nicht zur Wiedereinstellung solcher Arbeitnehmer verpflichtet werden, die im Rahmen eines rechtswidrigen Streiks eine besonders tragende Rolle gespielt haben.

IX. Streikbruchprämien

Beispiel: Die NGG führt nach satzungsmäßig durchgeführter Urabstimmung einen rechtmäßigen Streik gegen die B-AG. Um den Betrieb möglichst aufrecht zu erhalten, fordert die Geschäftsleitung der B-AG die bei ihr beschäftigten Arbeitnehmer auf, sich nicht an dem Streik zu beteiligen. Allen Arbeitnehmern, die dieser Aufforderung nachkommen, verspricht die Geschäftsleitung eine zusätzliche Erschwernisprämie in Höhe von 70,00 € pro Tag. Die NGG hält diese Zusage für rechtswidrig und verlangt deren Rücknahme von der B-AG. Zu Recht?

Lösung: Die NGG könnte die Rücknahme der Erschwernisprämie nach § 1004 Abs. 1 BGB analog i.V.m. Art. 9 Abs. 3 GG verlangen.

1. Rechtsmäßiger Streik

Anhaltspunkte dafür, dass der von der NGG geführte Streik rechtswidrig ist, sind dem Sachverhalt nicht zu entnehmen. Von der Rechtmäßigkeit des Streiks kann daher ausgegangen werden.

2. Verstoß gegen Art. 9 Abs. 3 GG

Die B-AG könnte durch die Zusage der Erschwernisprämie gegen Art. 9 Abs. 3 GG verstoßen haben. Dies wäre dann zu bejahen, wenn es sich um ein rechtswidriges Arbeitskampfmittel handeln würde. Die Erschwernisprämie soll die Kampffolgen abmildern. Dieses Ziel ist zulässig, weil sich der Arbeitgeber dem gegen ihn geführten Streik nicht beugen muss. Vielmehr kann er durch die Beschäftigung arbeitswilliger Arbeitnehmer versuchen, den Betrieb aufrecht zu erhalten. Hierzu gehört nach fast einhelliger Meinung auch die Zahlung von Streikbruchprämien während des Arbeitskampfes (echte Streikbruchprämie). Allerdings darf deren Höhe nicht unverhältnismäßig sein. Das ist bei einer Prämie in Höhe von 70,00 € nicht anzunehmen. Ein Verstoß der B-AG gegen Art. 9 Abs. 3 GG ist somit abzulehnen.

3. Ergebnis: Die NGG kann nicht die Rücknahme der Erschwernisprämie gemäß § 1004 Abs. 1 BGB analog i.V.m. Art. 9 Abs. 3 GG verlangen.

Abwandlung: Die B-AG fordert während des Streiks zwar ihre Mitarbeiter auf, sich hieran nicht zu beteiligen. Sie verspricht aber keine finanziellen Vergünstigungen. Erst nach Beendigung des Streiks zahlt sie jedem Arbeitnehmer, der sich nicht an dem Streik beteiligt hat, als „Dankeschön" die Prämie in Höhe von 70,00 € pro Streiktag. Der Streik dauerte insgesamt 15 Arbeitstage. Der bei der B-AG beschäftigte Arbeitnehmer H, der sich am Streik an allen Tagen beteiligt hatte, verlangt ebenfalls diese Prämie. Mit Erfolg?

Lösung: Anspruch des H auf die Prämie in Höhe von insges. 1.050,00 €?

H könnte möglicherweise von der B-AG die Zahlung von 70,00 € pro Streiktag, insgesamt also 1.050,00 € aufgrund des Arbeitsvertrages i.V.m. dem arbeitsrechtlichen Gleichbehandlungsgrundsatz verlangen.

1. Wirksames Arbeitsverhältnis
Ein rechtswirksames Arbeitsverhältnis zwischen H und der B-AG liegt vor.

2. Sachliche Differenzierung
Gewährt der Arbeitgeber freiwillige Leistungen an einzelne Arbeitnehmergruppen, muss die Differenzierung sachlich gerechtfertigt sein. Daher kommt es darauf an, ob die Unterscheidung nach denjenigen Arbeitnehmern, die sich nicht am Streik beteiligt haben und denen, die gestreikt haben, zu Recht erfolgt ist.

2.1. Rechtfertigung gemäß Art. 9 Abs. 3 GG
Die Differenzierung könnte durch Art 9 abs. 3 GG gerechtfertigt sein. Dann müsste es sich bei der Prämie um eine Maßnahme handeln, die der Abwehr des Streiks dienen soll. Dies kann schon deswegen nicht der Fall sein, weil der Streik zum Zeitpunkt der Zahlung bereits beendet war.

2.2. Rechtfertigung durch die Arbeitsleistung der nichtstreikenden Arbeitnehmer
Als Differenzierungsgrund könnte auch die von den nichtstreikenden Arbeitnehmern in der Vergangenheit erbrachte Arbeit herangezogen

werden. Dies ist aber dann ausgeschlossen wenn in der Gewährung der Prämie eine Maßregelung gemäß § 612a BGB zu sehen wäre. Eine Belohnung derjenigen Arbeitnehmer, die sich nicht an dem Streik beteiligt haben, bedeutet gleichzeitig eine Bestrafung derjenigen, die ihr Streikrecht in zulässiger Art und Weise ausgeübt haben. Die Zahlung der Prämie ist daher nicht gerechtfertigt und stellt eine Verletzung des arbeitsrechtlichen Gleichbehandlungsgrundsatzes dar.

3. Rechtsfolge bei Verstößen gegen den arbeitsrechtlichen Gleichbehandlungsgrundsatz

Bei einem Verstoß gegen den arbeitsrechtlichen Gleichbehandlungsgrundsatz besteht ein Anspruch der übergangenen Arbeitnehmer auf die Leistung.

4. Ergebnis: H hat Anspruch gegen die B-AG auf Zahlung von 70,00 € pro Streiktag und damit auf insgesamt 1.050,00 €.

Bei der Frage, ob Streikbruchprämien zulässig sind, kommt es damit allein auf den Zeitpunkt ihrer Zusage bzw. der Gewährung an. Echte Streikbruchprämien, die während des Streiks versprochen oder gewährt werden, sind ein zulässiges Abwehrmittel und verpflichten den Arbeitgeber nicht dazu, auch an diejenigen zu zahlen, die sich an dem Streik beteiligen. Unechte Streikbruchprämien, die erst nach Beendigung des Streiks (ohne entsprechende vorherige Zusage) gezahlt werden, sind demgegenüber unzulässig.

X. Stilllegung des bestreikten Betriebes

Am 22.03.1994 entschied das BAG, dass dem bestreikten Arbeitgeber als weitere Reaktionsmöglichkeit auch die Stilllegung des Betriebes zur Verfügung steht. Somit hat der Arbeitgeber die Möglichkeit, die Lohnansprüche aller Arbeitnehmer, unabhängig von deren Streikbeteiligung zu suspendieren. Die Betriebsstilllegung muss sich allerdings strikt an dem Streikbeschluss der streikenden Gewerkschaft orientieren. Andererseits ist keine vergleichbar eindeutige Erklärung erforderlich. Ausreichend ist bereits eine Äußerung, mit der die Arbeitnehmer nach Hause geschickt werden, weil streikbedingt der Arbeitsablauf nicht mehr gesichert ist. Weitere Anforderungen sind an die Betriebsstillegung nicht gestellt worden. Insbesondere ist der bestreikte Arbeitgeber nach der Rechtsprechung des BAG nicht verpflichtet, zu prüfen, ob eine Weiterbeschäftigung der Arbeitnehmer noch möglich oder zumutbar ist. Er kann vielmehr ohne weitere Voraussetzungen stilllegen.

Beispiel: Am 23.09. ruft die IG-BCE die in der Produktion beschäftigten Arbeitnehmer der Q-GmbH zu einem unbefristeten Streik auf. An der Arbeitsniederlegung beteiligen sich fasst alle Beschäftigten. Der Arbeitnehmer K hält allerdings die Forderungen der IG-BCE für völlig übertrieben. Daher bietet er dem Produktionsleiter seine Arbeitsleistung an. Als der Personalleiter P der Q-GmbH von der Arbeitsniederlegung erfährt, erklärt er K, dass keine Arbeit mehr vorhanden ist und er deshalb die Arbeitsleistung nicht annehmen kann. Er schickt K daher nach Hause. Allerdings ist P auch nicht bereit, die Vergütung fortzuzahlen und kürzt entsprechend das Gehalt des K. Ist die Gehaltskürzung zu Recht erfolgt?

Lösung: Anspruch des K auf Zahlung der vollen Vergütung gemäß §§ 615, 611, 294 BGB i.V.m. Arbeitvertrag aus Annahmeverzug?

K könnte aufgrund des Arbeitsvertrages von der Q-GmbH die Zahlung der Vergütung verlangen.

1. Wirksames Arbeitsverhältnis

Zwischen K und der Q-GmbH besteht laut Sachverhalt ein rechtswirksam begründetes Arbeitsverhältnis.

2. Angebot der Arbeitsleistung

Der Vergütungsanspruch setzt voraus, dass K seine Arbeitsleistung ordnungsgemäß angeboten hat. Im unstreitigen Arbeitsverhältnis ist der Arbeitnehmer grundsätzlich verpflichtet, ein tatsächliches Angebot zu erbringen. Dies setzt voraus, dass der Arbeitnehmer seine Arbeitsleistung zur rechten Zeit, am rechten Ort und in der rechten Art und Weise anbietet. Laut Sachverhalt hat K ein ordnungsgemäßes tatsächliches Angebot erbracht.

3. Nichtannahme der Arbeitsleistung

Ohne dass es auf ein Verschulden ankäme, kommt der Arbeitgeber bereits dadurch in Verzug, dass er die ordnungsgemäß angebotene Arbeitsleistung nicht annimmt. Die Q-GmbH hat durch ihren Personalleiter P erklären lassen, dass eine weitere Beschäftigung des K arbeitskampfbedingt ausgeschlossen ist und ihn nach Hause geschickt. Die Q-GmbH hat somit die Annahme der Arbeitsleistung verweigert.

4. Wegfall der Verpflichtung zur Entgegennahme der Arbeitsleistung

4.1. Wegfall durch wirksame Aussperrung

Denkbar wäre es, dass die Q-GmbH nicht mehr zu Annahme der Arbeitsleistung verpflichtet war. Ihre Annahmeverpflichtung könnte durch eine wirksame Aussperrung weggefallen sein. Allerdings setzt eine rechtmäßige Aussperrung voraus, dass sie gegenüber den Arbeitnehmern eindeutig erklärt wird. Der Erklärung muss insbesondere zu entnehmen sein, dass die Arbeitnehmer gegen ihren Willen in das Kampfgeschehen

einbezogen werden. Es muss sich also erkennbar um eine Kampfmaßnahme handeln. Die Q-GmbH hat durch den P lediglich erklären lassen, sie sei außerstande, die Arbeitsleistung anzunehmen.
Diese Erklärung reicht als Aussperrungserklärung nicht aus. Die Annahmeverpflichtung der Q-GmbH ist daher nicht aufgrund einer wirksamen Aussperrung weggefallen.

4.2. Wegfall der Annahmeverpflichtung durch Betriebsstillegung
Die Verpflichtung zur Annahme der angebotenen Arbeitsleistung könnte durch wirksame Stilllegung weggefallen sein. Nach der Rechtsprechung des BAG steht dem Arbeitgeber in dem durch Streikbeschluss der Gewerkschaft festgelegten räumlichen und zeitlichen Umfang das Recht zu, den Betrieb bzw. Betriebsteil stillzulegen. Dadurch werden die gegenseitigen Hauptleistungspflichten auch dann suspendiert, wenn die Annahme der Arbeitsleistung für den Arbeitgeber möglich und zumutbar wäre. Da die Arbeitnehmer der Produktion von der Gewerkschaft zum Streik aufgerufen wurden, war die Q-GmbH durch P berechtigt, die Produktion stillzulegen. Hierdurch wurden die Arbeitspflicht des K auf der einen, und die Vergütungspflicht der Q-GmbH auf der anderen Seite suspendiert. Die Q-GmbH war demnach berechtigt, das Gehalt des K für im Umfang der Betriebsstilllegung zu kürzen.

5. Ergebnis: K hat keinen Anspruch gegen die Q-GmbH auf die volle Vergütung gemäß §§ 615, 611, 294 BGB i.V.m. Arbeitsvertrag.

Diese Rechtsprechung des BAG wird nach wie vor stark kritisiert. Insbesondere wird angeführt, dass die Stilllegung eine weit umfassendere Suspendierung der Hauptleistungspflichten erreichen kann, als die Aussperrung, ohne auch an deren strengen Voraussetzungen gebunden zu sein. Die Stilllegung wird daher seitens der Gewerkschaften auch als „kalte Aussperrung" bezeichnet. Das BAG hat hierauf entgegnet, anders als die Aussperrung handele es sich bei der Stilllegung nicht um eine Kampfmaßnahme. Vielmehr beuge sich der Arbeitgeber dem Streikgeschehen, indem der vorübergehend die betriebliche Tätigkeit einstellt. Im Übrigen sei Ziel eines jeden gewerkschaftlich geführten Streiks, eine möglichst umfassende Arbeitsniederlegung zu erreichen. Nichts anderes bewirke die Stilllegung, da sie während des Streiks zu einer Einstellung der betrieblichen Tätigkeit im Umfang des Streikbefehls führt.

Auch die Ansprüche von Arbeitnehmern, die sich krankheits- bzw. urlaubsbedingt nicht im Betrieb aufhalten, können durch eine wirksame Betriebsstilllegung suspendiert werden.

Abwandlung zum Fall oben: Der Arbeitnehmer V, ebenfalls in der Produktion beschäftigt, liegt nach einem Sportunfall seit dem 15.09. mit gebrochenem Bein im Krankenhaus. Auch bei ihm kürzt die Q-GmbH das Gehalt für die Dauer der Betriebsstilllegung ab dem 23.09. Zu Recht?

Lösung: Anspruch des V auf Entgeltfortzahlung gemäß § 3 Abs. 1 EFZG i.V.m. dem Arbeitsvertrag?

V könnte gegen die Q-GmbH einen Anspruch auf Entgeltfortzahlung für die Zeit ab dem 23.09. haben.

1. Wirksames Arbeitsverhältnis
Laut Sachverhalt besteht zwischen der Q-GmbH und dem V ein rechtswirksam begründetes Arbeitsverhältnis.

2. Krankheit
V müsste außerdem krank sein. Eine Krankheit ist jeder regelwidrige körperliche oder geistige Zustand, der in der Notwendigkeit der Heilbehandlung wahrnehmbar zu Tage tritt. Ein Beinbruch ist ein regelwidriger körperlicher Zustand, der die Notwendigkeit einer Heilbehandlung mit sich bringt. V war daher krank i.S.v. § 3 Abs. 1 EFZG.

3. Arbeitsunfähig
V müsste auch arbeitsunfähig sein. Eine Arbeitsunfähigkeit liegt vor, wenn es die Krankheit dem Arbeitnehmer unmöglich macht, die vertraglich geschuldete Hauptleistung zu erbringen oder nur unter der Gefahr fortzusetzen, den Gesundheitszustand in absehbarer naher Zukunft zu verschlechtern. Da V in der Produktion beschäftigt ist, kann unterstellt werden, dass bei ihm eine Unmöglichkeit der Erbringung seiner Arbeitspflicht vorliegt. V ist damit auch arbeitsunfähig.

4. Kausalität
Die Arbeitsunfähigkeit muss nach § 3 Abs. 1 EFZG „infolge" der Krankheit bestehen. Somit muss die Krankheit die alleinige Ursache der Arbeitsunfähigkeit sein. Das bedeutet, dass V, die Krankheit hinweggedacht, in dem Zeitraum ab 23.09. hätte arbeiten können. Allerdings wäre V auch ohne das gebrochene Bein nicht in der Lage gewesen zu arbeiten, weil seine Abteilung durch die Q-GmbH wirksam stillgelegt wurde. Daher ist die Krankheit nicht die alleinige Ursache der Arbeitsunfähigkeit. V hat gegen die Q-GmbH keinen Anspruch auf Entgeltfortzahlung solange die Stilllegung dauert.

5. Ergebnis: Die Gehaltskürzung bei V ist durch die Q-GmbH zu Recht erfolgt. V hat allerdings Anspruch auf Krankengeld gemäß §§ 44 SGB V, wenn er Mitglied der gesetzlichen Krankenversicherung ist.

In einer späteren Entscheidung stellte das BAG klar, dass das Recht, ohne weitere Voraussetzungen stillzulegen, nur demjenigen Arbeitgeber zustehe, der von Anfang an auf das Streikgeschehen mit der Stilllegung reagiert. Anders ist es bei demjenigen, der zunächst einmal abwartet und versucht, den Betrieb weiterzuführen. Entscheidet sich der Arbeitgeber erst für eine Stilllegung, nachdem er den Eindruck erweckt hat, er werde so weit wie möglich die Arbeitsleistung annehmen, ist diese nur noch zulässig, wenn eine Weiterbeschäftigung unmöglich ist. Außerdem bedarf es in diesen Fällen einer eindeutigen Stilllegungserklärung. Anderenfalls tritt die suspendierende Wirkung nicht ein.

XI. Auswirkungen auf mittelbar bestreikte Unternehmen

1. Entwicklung der Rechtsprechung zur Arbeitskampfrisikolehre

Beispielhaft für die weiteren Auswirkungen eines Arbeitskampfes war die Automobilindustrie. Wegen enger Zulieferer- und Abnehmerbeziehungen, erlangten die Schwerpunktstreiks hier besondere Bedeutung. Allein durch den Arbeitskampf gegen einen Zulieferer wurden auch alle Abnehmer in Mitleidenschaft gezogen. Weil heute keine umfangreichere Lagerhaltung mehr durchgeführt wird, bedeutet ein Streik bei einem Zuliefererbetrieb gleichzeitig, dass auch die Abnehmer nicht mehr produzieren können. Man spricht in solchen Fällen von den Abnehmern als *mittelbar bestreikten Unternehmen.* Dabei fällt es grundsätzlich unter das allgemeine Betriebs- und Wirtschaftsrisiko der Abnehmer, ob sie ihre Arbeitnehmer beschäftigen können und ob sich dies für sie auch wirtschaftlich lohnt, vgl. § 615 S. 3 BGB. Allerdings würde eine ausnahmslose Anwendung der Lehre vom Betriebs- und Wirtschaftsrisiko bei den mittelbar bestreikten Betrieben möglicherweise auch Auswirkungen auf die kämpfenden Parteien haben.

Das BAG hat daher die Lehre vom Arbeitskampfrisiko entwickelt, die ausschließlich auf *Fernwirkungen* von Arbeitskämpfen angewandt wird und die die mittelbar bestreikten Unternehmen von ihrer Beschäftigungs- und Lohnzahlungspflicht entbindet. Es handelt sich hierbei um eine Modifizierung der allgemeinen Lehre vom Betriebs- und Wirtschaftsrisiko, die ausschließlich bei Fernwirkungen von Arbeitskämpfen zur Anwendung kommt. Begründet wurde die Anwendung der Lehre vom Arbeitskampfrisiko u.a. damit, dass das Ergebnis eines Arbeitskampfes regelmäßig auch für die nichtstreikenden Arbeitnehmer Wirkung entfaltet. Im Ergebnis profitieren also auch die unter die Fernwirkung eines Streiks fallenden Arbeitnehmer von den Resultaten der tariflichen Auseinandersetzung.

Allerdings setzt die Befreiung der mittelbar bestreikten Arbeitgeber stets voraus, dass eine Aufrechterhaltung von Beschäftigungs- und Lohnzahlungspflicht das Kräfteverhältnis der unmittelbar kämpfenden Verbände beeinflussen könnte.

Beispiel: Während eines Arbeitskampfes in der Metallindustrie im Tarifgebiet Niedersachsen wird das Metallunternehmen K bestreikt, das Motorteile für das ebenfalls in Niedersachsen liegende, aber nicht in den Arbeitskampf einbezogene Automobilwerk V herstellt. V und K sind Mitglied in demselben Arbeitgeberverband. Nach zwei Tagen kann V nicht mehr produzieren und kann die Arbeitnehmer in der Montage nicht mehr beschäftigen. V verzichtet daher auf die Arbeitsleistung der Monteure und stellt die Zahlung der Gehälter ein. Der Monteur B von V verlangt die einbehaltene Vergütung von V. Zu Recht?

Lösung: Anspruch des B gegen V gemäß §§ 615, 611, 294 BGB i.V.m. Arbeitsvertrag*?

B könnte gegen V einen Anspruch auf Zahlung seines Lohns gemäß §§ 615, 611, 294 BGB i.V.m. dem Arbeitsvertrag aus Annahmeverzug haben.

1. Wirksames Arbeitsverhältnis

Ein rechtswirksam begründetes Arbeitsverhältnis zwischen B und V liegt vor.

2. Angebot der Arbeitsleistung

Es kann unterstellt werden, dass B seine Arbeitsleistung ordnungsgemäß, d.h. zur rechten Zeit, am rechten Ort und in der rechten Art und Weise erbracht hat, § 294 BGB.

3. Nichtannahme durch V

Für den Annahmeverzug reicht es bereits aus, wenn der Arbeitgeber die ordnungsgemäß angebotene Arbeitsleistung nicht angenommen hat. Auf ein Verschulden des Arbeitgebers kommt es nicht an. Vielmehr begründet bereits die „nackte Nichtannahme“ der Arbeitsleistung Ansprüche des Arbeitnehmers aus Gläubigerverzug.

4. Entfallen der Annahmeverpflichtung

Zu prüfen ist, ob die Verpflichtung zu Annahme der angebotenen Arbeitsleistung entfallen sein könnte. Vorliegend ist die Produktion wegen Materialmangels unmöglich. Grundsätzlich trägt der Arbeitgeber das Betriebsrisiko, weil er es ist, der den Betrieb und die betriebliche Organisation gestaltet, die Erträge zieht und die Verantwortung trägt. Er muss deshalb gegenüber den bei ihm beschäftigten Arbeitnehmern dafür

---

* Die hier dargestellte Lösung folgt der Auffassung der Rechtsprechung und wendet daher die Regelungen über den Gläubigerverzug an. Die Lehre kommt über die Vorschriften zur Unmöglichkeit zum gleichen Ergebnis.

einstehen, dass die betriebliche Organisation funktioniert und die Arbeitsmittel zu Verfügung stehen. Im Falle eines Arbeitskampfes kann allerdings die Anwendung der Betriebsrisikolehre zu einem mit Art. 9 Abs. 3 GG unvereinbaren Ergebnis führen, wenn die Aufrechterhaltung der Vergütungspflicht bei mittelbar bestreikten Betrieben zu einer Störung der Kampfparität führt. Eine Störung der Kampfparität kann eintreten, wenn die Lohnzahlungspflicht des mittelbar bestreikten Arbeitgebers das Verhandlungsgleichgewicht der kämpfenden Verbände beeinflusst. Eine solche Paritätsrelevanz kommt in Betracht, wenn

- der mittelbar betroffene Betrieb demselben Unternehmen oder Konzern angehört wie der bestreikte Betrieb oder
- das mittelbar betroffene Unternehmen dem kämpfenden Arbeitgeberverband angehört.

Laut Sachverhalt gehören V und K demselben Arbeitgeberverband an. Eine Aufrechterhaltung der Beschäftigungs- und Lohnzahlungspflicht bei V könnte das Kampfgeschehen folglich beeinflussen. In Anwendung der Lehre vom Arbeitskampfrisiko ist V daher aufgrund der Fernwirkung nicht verpflichtet, B seinen Lohn zu zahlen.

5. Ergebnis: B hat keinen Anspruch auf Lohn gegen V gemäß §§ 615, 611, 294 BGB i.V.m. Arbeitsvertrag.

Auch auf die Mitbestimmungsrechte des Betriebsrates im mittelbar bestreikten Betrieb wirkt sich die Lehre vom Arbeitskampfrisiko aus.

Abwandlung zum Fall oben: Der Betriebsrat von V protestiert gegen die Einstellung der Gehaltszahlung. Er begründet dies damit, dass – was zutrifft – die bei V beschäftigten Arbeitnehmer mit Aufräum- und Wartungsarbeiten hätten beschäftigt werden können. Der B meint nun, wegen einer Verletzung des Mitbestimmungsrecht nach § 87 Abs. 1 Nr. 3 stünde ihm das volle Gehalt zu. Zu Recht?

Lösung: Anspruch des B auf Lohn gegen V gemäß §§ 615, 611, 294 BGB i.V.m. Arbeitsvertrag?

B könnte gegen V Anspruch auf den vollen Lohn aus Annahmeverzug gemäß §§ 615, 611, 294 ff BGB i.V.m. Arbeitsvertrag haben.

1. Wirksames Arbeitsverhältnis
Zwischen V und B besteht ein rechtswirksam begründetes Arbeitsverhältnis.

2. Angebot der Arbeitsleistung
V hat seine Arbeitskraft am rechten Ort, zur rechten Zeit und in der rechten Art und Weise angeboten.

3. Nichtannahme durch V

V hat die angebotene Arbeitsleistung nicht angenommen. Auf ein Vertretenmüssen des V kommt es nicht an.

4. Wegfall der Annahmeverpflichtung

4.1. Wegfall der Lohnzahlungspflicht nach der Lehre vom Arbeitskampfrisiko

Grundsätzlich könnte vorliegend die Annahmeverpflichtung von V nach der Rechtsprechung zum Arbeitskampfrisiko entfallen sein. Allerdings könnte dem Wegfall der Lohnzahlungspflicht entgegenstehen, dass V den Betriebsrat nicht bei der Verkürzung der Arbeitszeit beteiligt hat.

4.2. Mitbestimmung bei der vorübergehenden Verkürzung der Arbeitszeit

Als Mitbestimmungsrecht des Betriebsrates kommt § 87 Abs. 1 Nr. 3 BetrVG in Betracht. Nach dieser Vorschrift unterliegt jede vorübergehende Verkürzung oder Verlängerung der wöchentlichen Arbeitszeit der Mitbestimmung des Betriebsrates. Dies gilt auch dann, wenn die Notwendigkeit zur Herabsenkung der Arbeitszeit auf arbeitskampfbedingten Produktionsstörungen beruht.

4.3. Neutralitätspflicht der Betriebsräte

Gemäß § 74 Abs. 2 BetrVG unterliegen die Betriebsräte bei Arbeitskampfmaßnahmen der Neutralitätspflicht. Dies bedeutet jedoch nicht, dass alle Mitbestimmungsrechte ausgehebelt werden. Im unmittelbar bestreikten Betrieb ruhen während des Arbeitskampfes alle Mitbestimmungsrechte, die den Arbeitgeber bei der Abwehr der Kampfmaßnahmen beeinträchtigen könnten.

4.4. Anwendung der Lehre vom Arbeitskampfrisiko auf Mit bestimmungsrechte im mittelbar bestreikten Betrieb

Nach überwiegender Auffassung unterliegen auch die Mitbestimmungsrechte der Betriebsräte in mittelbar bestreikten Betrieben Einschränkungen. Zur Begründung wird vorgetragen, dass ein Mitbestimmungsrecht des Betriebsrates voraussetzt, dass für den Arbeitgeber ein Regelungsspielraum besteht, der durch die Mitbestimmung des Betriebsrates ausgefüllt werden kann. Wo hingegen kein Regelungsspielraum besteht, weil sich die Rechtsfolgen durch Rechtsanwendung ergeben, verbleibt auch kein Raum für betriebliche Mitbestimmung. Daher entfällt das Mitbestimmungsrecht des Betriebsrates nur insoweit, als es um die Voraussetzungen und den Umfang des Arbeitsausfalls nach den Grundsätzen des Arbeitskampfrisikos geht. Es verbleibt aber hinsichtlich der Modalitäten bei der Verteilung der noch vorhandenen Arbeitsmenge. Folglich kommt es darauf an, ob bei V ein Regelungsspielraum im Hinblick auf die Verteilung der Arbeitszeit bestanden hätte. Laut Sachverhalt wäre es möglich gewesen, die Arbeitnehmer mit Aufräumarbeiten zu beschäftigen. Somit bestand gegenüber der vollständigen Arbeitsablehnung noch eine Alternative.

V hat dem Betriebsrat allerdings keine Möglichkeit gegeben, die Mitbestimmungsrechte hinsichtlich dieses „Wie“ der Arbeitszeitverkürzung auszuüben. Folglich hat V die Mitbestimmungsrechte des Betriebsrates bei der vorübergehenden Verkürzung der Arbeitszeit gemäß § 87 Abs. 1 Nr. 3 BetrVG verletzt. Daher kann sich V nicht auf den Wegfall seiner Lohnzahlungspflicht berufen.

5. Ergebnis: B hat gegen V einen Anspruch Annahmeverzugslohn wegen Missachtung der Mitbestimmungsrechte des Betriebsrates gemäß §§ 615, 611, 294 ff BGB i.V.m. Arbeitsvertrag.

2. Ansprüche der Arbeitnehmer in mittelbar bestreikten Betrieben

Ist die Lohnzahlungspflicht des mittelbar bestreikten Arbeitgebers wegen einer Fernwirkung suspendiert, kann ein Anspruch der betroffenen Arbeitnehmer auf Arbeitslosengeld bestehen, § 160 SGB III. Voraussetzung für die Gewährung von Arbeitslosengeld an die Arbeitnehmer des mittelbar bestreikten Betriebes ist, dass dadurch nicht die staatliche Neutralitätspflicht verletzt wird, vgl. § 160 Abs. 3 SGB III.

Teil 3: Betriebsverfassungsgesetz

I. Begriff

Das BetrVG enthält die Aufgaben der Betriebsverfassung. Es handelt sich um die Summe der Normen, die sich mit der Stellung der AN im Betrieb und den Rechten der im Betrieb verbundenen AN gegenüber dem Arbeitgeber befassen. Dabei wird die Arbeitnehmerschaft durch den Betriebsrat repräsentiert.

II. Anwendungsbereich des BetrVG

1. Räumlicher Geltungsbereich

Das BetrVG folgt dem Territorialprinzip. Das bedeutet, dass dieses Gesetz in allen Betrieben in der Bundesrepublik Deutschland gilt, unabhängig von der Staatsangehörigkeit des Arbeitsgebers oder der Arbeitnehmer. Andererseits gilt das BetrVG auch dann nicht, wenn zwar sowohl Unternehmer und Arbeitnehmer deutsche Staatsangehörige sind, sich der Betrieb aber im Ausland befindet.

Um sicherzustellen, dass Arbeitnehmer nicht bereits nur durch einen vorübergehenden Auslandsaufenthalt aus dem Schutz des BetrVG herausfallen, entfaltet das BetrVG die sog. *Ausstrahlungswirkung.* Das bedeutet, dass der Arbeitnehmer, obwohl er sich im Ausland und damit außerhalb des Geltungsbereichs des BetrVG aufhält, dessen Schutz gleichwohl unterliegt. Daher sind die Betriebsräte nach wie vor bei den Arbeitsverhältnissen von z.B. Monteuren, Reiseleitern, Animateuren usw. zu beteiligen.

2. Sachlicher Anwendungsbereich

2.1 Betrieb, § 1 BetrVG

Das kollektive Arbeitsrecht verwendet für die Beschreibung des sachlichen Geltungsbereichs von Gesetzen unterschiedliche Begriffe. Je nach Vorschrift sind Betrieb, Betriebsteil, gemeinsamer Betrieb, Unternehmen und Konzern voneinander zu unterscheiden. Sachlicher Anwendungsbereich des BetrVG ist der Betrieb, vgl. § 1 BetrVG. Dieser wird definiert als die organisatorische Einheit, innerhalb derer der Unternehmer allein oder in Gemeinschaft mit seinen Mitarbeitern mit Hilfe von sachlichen und immateriellen Mitteln bestimmte arbeitstechnische Zwecke fortgesetzt verfolgt.

Maßgeblich geprägt wird der Betrieb durch den eigenen Leitungsapparat und die Fähigkeit zu eigenen personalrechtlichen Ent scheidungen. Die Bildung von Betriebsräten erfolgt auf Ebene des Betriebs, um die unmittelbare Beeinflussung von unternehmerischen Entscheidungen durch die Mitarbeitervertretung zu sichern. Der arbeitstechnische Zweck des Betriebes beschreibt die Aufgabe, die der Unternehmer gemeinsam mit seinen Mitarbeitern verfolgt. Das kann z.B. die Herstellung eines bestimmten Produkts, das Erbringen einer bestimmten Dienstleistung usw. sein. Nicht dazugerechnet wird die Absicht, Gewinn zu erzielen. Zu den Betrieben gehören nach dieser Definition auch die freien Berufe, wie z.B. Rechtsanwälte, Ärzte, Architekten etc. Als andere Umschreibung für den Betrieb passt auch der Begriff „Niederlassung".

2.2 Betriebsteil, § 4 BetrVG

Darunter versteht man einen Teil der organisatorischen Einheit „Betrieb", der lediglich deutlich von dem übrigen Betrieb abgegrenzt ist, aber keine eigene betriebliche Organisation aufweist und in dem Teil- (Hilfs-) Zwecke für den Betrieb verfolgt werden. Am ehesten entspricht dem Begriff „Betriebsteil" die Beschreibung als Filiale. Der Betriebsteil ist grundsätzlich nicht betriebsratsfähig. Hier können also eigentlich keine Betriebsräte gebildet werden. Vielmehr werden die in den Betriebsteilen beschäftigten Arbeitnehmer bei der Wahl des Betriebsrates im Betrieb mitberücksichtigt, erhöhen so die Anzahl der zu wählenden Betriebsratsmitglieder, vgl. § 9 BetrVG, und werden auch von diesem Betriebsrat vertreten. Eine Ausnahme hierzu enthält § 4 BetrVG, der in zwei Ausnahmen die Bildung eigener Betriebsräte bei Betriebsteilen erlaubt. Danach können die Betriebsteile eigene Betriebsräte wählen, wenn sie entweder

- Nach Organisation und Aufgabenbereich eigenständig sind, § 4 Nr. 1 BetrVG oder
- Wenn der Betriebsteil vom Hauptbetrieb räumlich weit entfernt ist, § 4 Nr. 2 BetrVG.

Die Eigenständigkeit nach Organisation und Aufgabenbereich ist dann gegeben, wenn die Leitung der Abteilung, also z.B. der Betriebsleiter, insbesondere in den der sozialen Mitbestimmung gemäß § 87 BetrVG unterliegenden Fragen, Entscheidungsfreiheit hat.

Die räumlich weite Entfernung gemäß § 4 Nr. 2 BetrVG ist ein unbestimmter Rechtsbegriff. Entscheidend für die Frage, ob zwischen Hauptbetrieb und Betriebsteil eine räumlich weite Entfernung vorliegt, ist, ob die Arbeitnehmer des Betriebsteils durch einen gut erreichbaren und mit den persönlichen Verhältnissen vertrauten Betriebsrat des Hauptbetriebes betreut werden können. Dabei sind vor allem die Verkehrsverhältnisse zu berücksichtigen wie auch die Frage, ob die Betriebsratmitglieder kurzfristig zusammentreten können. Ist eine sachgerechte Betreuung der Mitarbeiter des Betriebsteils nicht gewährleistet, dürfen sie einen eigenen Betriebsrat am Betriebsteil errichten. Voraussetzung ist aber stets, dass der Betriebsteil mindestens fünf Arbeitnehmer beschäftigt, § 1 BetrVG.

2.3 Gemeinsamer Betrieb, § 1 Abs. 2 BetrVG

Durch die Reform des BetrVG wurde der Begriff des gemeinsamen Betriebes eingefügt. Dieser war durch die Rechtsprechung des BAG bereits anerkannt und wurde 2002 auch in den Gesetzestext mit aufgenommen.

2.4 Unternehmen und Konzern

Neben dem Betriebsbegriff nennt das BetrVG an verschiedenen Stellen auch die Begriffe „Unternehmen" bzw. „Konzern". Für ein Unternehmen mit in der Regel mehr als einhundert ständig beschäftigten Arbeitnehmern muss z.B. ein Wirtschaftsausschuss gebildet werden (§ 106 BetrVG). Der Betriebsrat in Unternehmen mit in der Regel mehr als zwanzig wahlberechtigten Arbeitnehmern muss an einer Betriebsänderung beteiligt werden, § 111 BetrVG. Außerdem kann für ein Unternehmen ein Gesamtbetriebsrat zu bilden sein, § 47 BetrVG. Ferner schreibt das BetrVG die Bildung eines Konzernbetriebsrates vor, §§ 54 ff BetrVG. Weder für das *Unternehmen,* noch für den *Konzern* besteht eine gesetzliche Definition. Die Rechtsprechung hat das Unternehmen wie folgt beschrieben:

„Das BetrVG knüpft an die anderen Gesetze (AktG, GmbHG, HGB, BGB) an. Aus den genannten rechtlichen Regelungen ergibt sich, dass die juristischen Personen des Privatrechts, vor allem die Kapitalgesellschaften, aber auch die Gesellschaften des Handelsrechts, die Genossenschaften nach dem Genossenschaftsrecht wie auch die Gesellschaft bürgerlichen Rechts, jeweils nur Träger eines einzigen einheitlichen Unternehmens sein können. Die rechtliche Selbständigkeit des Unternehmens geht auch nicht dadurch verloren, dass es mit einem oder mehreren anderen Unternehmen wirtschaftlich verflochten ist oder Personengleichheit in der Geschäftsführung besteht." Einfacher gesagt ist damit das Unternehmen die Gesamtheit aller Betriebe und Betriebsteile ein und derselben natürlichen oder juristischen Person.

Der *Konzern* ist „unabhängig von seiner Ausgestaltung trotz einheitlicher Leitung kein einheitliches Unternehmen, sondern der Zusammenschluss rechtlich selbständiger Unternehmen, die trotz des Zusammenschlusses ihre rechtliche Selbständigkeit als Unternehmen nicht verlieren." Der hier beschriebene Konzern entspricht der Regelung in § 18 AktG: Unter der einheitlichen Leitung eines beherrschenden Unternehmens (regelmäßig einer Holding) als Mutter befinden sich die beherrschten Töchter. Dabei sind die Töchter untereinander völlig unabhängig. An die Mutter ist jede Tochter allerdings durch Gewinnabführungs- und Beherrschungsverträge gebunden.

2.5 Besonderheiten in Tendenzbetrieben

Für Unternehmen und Betriebe mit Tendenz gilt das BetrVG nur eingeschränkt, § 118 BetrVG. Tendenzbetriebe und –unternehmen dienen unmittelbar und überwiegend politischen, koalitionspolitischen, konfessionellen, karitativen, erzieherischen, wissenschaftlichen oder künstlerischen Bestimmungen oder aber Zwecken der Berichterstattung oder Meinungsäußerung. In diesen Betrieben ist das BetrVG zwar anwendbar, die Mitbestimmungsrechte des Betriebsrates werden aber auf ein Maß reduziert, das mit den verfassungsrechtlichen geschützten Grundrechten wie Meinungs- und Pressefreiheit, Art. 5 GG, Glaubensfreiheit, Art. 4 GG oder auch Koalitionsfreiheit, Art. 9 GG nicht kollidiert. Der Tendenzunternehmer soll nicht durch die Mitbestimmungsrechte an der freien und unbeeinträchtigten Verwirklichung seiner Tendenz gehindert werden. Der Tendenzschutz hat fast ausschließlich nur für die personelle Mitbestimmung (§§ 99, 102 BetrVG) Bedeutung.

2.6 Religionsgemeinschaften

Auf Religionsgemeinschaften findet das BetrVG gar keine Anwendung, § 118 Abs. 2 BetrVG. Dementsprechend werden bei Religionsgemeinschaften auch keine Betriebräte gebildet. Vielmehr wird die Vertretung der Arbeitnehmerinteressen durch sog. Mitarbeitervertretungen wahrgenommen. Nicht nur die Religionsgemeinschaften selbst sind aus dem Anwendungsbereich des BetrVG ausgenommen. Auch auf ihre karitativen und erzieherischen Einrichtungen (Kindergärten, Altenwohnheime, Krankenhäuser) findet das BetrVG keinerlei Anwendung. Unabhängig ist dabei die Rechtsform, in der die religiöse Einrichtung betrieben wird.

2.7 Öffentlicher Dienst / Sonderregelungen für See- und Luftfahrt

Gemäß § 130 BetrVG findet dies ebenfalls keine Anwendung auf den öffentlichen Dienst. Hier gelten die Personalvertretungsgesetze von Bund und Ländern. Das BetrVG gilt zwar auch für Seeschifffahrtsunternehmen und deren Betriebe, es sei denn, es ergeben sich Abweichungen aus den §§ 114 bis 116 BetrVG. Gemäß § 115 BetrVG ist auf einzelnen Schiffen eine Bordvertretung zu wählen.

Bei Luftfahrtunternehmen gilt das BetrVG nur für den Land- nicht aber für den Flugbetrieb, § 117 Abs. 1 BetrVG. Gemäß § 117 Abs. 2 BetrVG kann für die Arbeitnehmer im Flugbetrieb durch Tarifvertrag eine besondere Regelung geschaffen werden.

3. Persönlicher Geltungsbereich, § 5 BetrVG

3.1 Arbeitnehmer, § 5 Abs. 1 BetrVG

Gemäß § 5 Abs. 1 BetrVG gilt dieses Gesetz für alle Arbeiter und Angestellten, unabhängig ob sie im Außendienst oder in Telearbeit beschäftigt werden, sowie für die Auszubildenden. Daneben gilt das BetrVG auch für Heimarbeiter, wenn sie in der Hauptsache für den Betrieb arbeiten. Die Heimarbeit ist im HAG geregelt. Heimarbeiter sind keine Arbeitnehmer, sondern Selbständige. Sie werden aber wegen ihrer starken finanziellen Abhängigkeit vom Unternehmer auch als arbeitnehmerähnliche Person bezeichnet. In vielen Bestimmungen des BetrVG werden die Heimarbeiter gesondert genannt, um deutlich zu machen, dass bestimmte Vorschriften auch für sie gelten. Kennzeichnend für Heimarbeiter ist, dass sie nur sehr einfache Tätigkeiten verrichten, die wenig an Fähigkeiten und Kenntnissen verlangen – und die dafür auch eher schlecht bezahlt werden. Beispiele für Heimarbeit sind:

- Näharbeiten
- Strickarbeiten
- leichte Schreibarbeiten
- Adressenschreiben.

Wie der Name schon sagt, arbeiten Heimarbeiter häufig von Ihrer Wohnung aus. Das ist aber nicht zwingend der Fall. Manche Heimarbeiter verfügen auch über eine eigene Werksatt oder ein eigenes, angemietetes Büro. Maßgeblich für die Einstufung als Heimarbeiter ist es, dass der Beschäftigte sich selbst aussuchen kann, von wo aus er arbeiten will. Selbst wenn dann der Auftraggeber für Unkosten aufkommt, liegt Heimarbeit vor, so lange der Arbeitsplatz nicht vom Unternehmer vorgegeben wird. Heimarbeiter arbeiten entweder allein oder zusammen mit Familienangehörigen, mit denen sie auch in häuslicher Gemeinschaft leben. Grundlage der Heimarbeit muss es sein, den Lebensunterhalt des Heimarbeiters zu sichern. Das bedeutet nicht, dass er seinen Lebensunterhalt allein durch die Heimarbeit bestreiten muss.

Es darf sich aber nicht um ein karitatives oder ehrenamtliches Engagement handeln.

3.2 Ausnahmen von Arbeitnehmerbegriff, § 5 Abs. 2 BetrVG

§ 5 Abs. 2 BetrVG nennt eine Reihe von Beschäftigten, die nicht als Arbeitnehmer im Sinne des BetrVG gelten. Sie dürfen daher weder an der Betriebsratswahl teilnehmen, noch dürfen sie kandidieren. Auch werden ihre Interessen nicht von dem gewählten Betriebsrat wahrgenommen. Hierzu gehören vor allem die Organe juristischer Personen (Geschäftsführung, Vorstand) wie auch Beschäftigte, die nicht aus Gründen des Erwerbs arbeiten, sondern aus karitativen, familiären oder therapeutischen Motiven. Die Unanwendbarkeit des BetrVG auf diese Beschäftigten hat zum Hintergrund, dass ihre Interessen zu weit von denen des durchschnittlichen Arbeitnehmers abweichen, als dass eine Wahrnehmung ihrer Belange durch den Betriebsrat sachgerecht wäre. Besonders deutlich wird dies am Beispiel der Organe juristischer Personen, da sie die juristische Person, und damit den Arbeitgeber selbst vertreten.

3.3 Leitende Angestellte, § 5 Abs. 3 BetrVG

Auch für leitende Angestellte gilt das BetrVG nicht. Hintergrund ist, dass leitende Angestellte im Lager des Arbeitgebers zu sehen sind und damit nicht die gleichen Interessen vertreten können, wie der Rest der Belegschaft. Dabei ist die Herausnahme der leitenden Angestellten aus dem BetrVG eine arbeitsrechtliche Besonderheit. Individualrechtlich sind leitende Angestellte Arbeitnehmer, auf die alle arbeitsrechtlichen Vorschriften Anwendung finden. Lediglich das KSchG ist zwar anwendbar, enthält aber in § 14 KSchG besondere Regelungen über die Auflösung von Arbeitsverhältnissen mit leitenden Angestellten durch richterliches Gestaltungsurteil, vgl. §§ 9, 10 KSchG. Für die Beurteilung des Status als leitenden Angestellten zählen für das BetrVG nur die tatsächlichen Verhältnisse. Entscheidend ist nicht, ob ein Mitarbeiter als leitender Angestellter bezeichnet wird oder nicht, sondern allein, ob seine Befugnisse denen eines leitenden Angestellten entsprechen. Das BetrVG entscheidet drei Gruppen von leitenden Angestellten:

3.3.1 Befugnis zur selbständigen Einstellung und Entlassung, § 5 Abs. 3 Nr. 1 BetrVG

Ein Arbeitnehmer ist leitender Angestellter, wenn er selbst Arbeitnehmer einstellen und auch wieder entlassen kann. Das Recht zur Einstellung und Entlassung muss ihm gleichzeitig zustehen. Dabei darf er nicht an die Zustimmung Dritter (z.B. der Geschäftsführung) gebunden sein. Außerdem muss er diese Entscheidungen allein treffen können. Kann er dies nicht, sondern nur gemeinsam mit einem anderen Mitarbeiter, kann es sich nicht um einen leitenden Angestellten handeln. Außerdem reicht es nicht aus, wenn sich das Recht zur Einstellung und Entlassung nur auf einen ganz unerheblichen Teil der Beschäftigten bezieht. Vielmehr muss es sich hierbei um einen wesentlichen Teil der Gesamtbelegschaft oder um die ganze Belegschaft handeln. Das bedeutet also, dass das Recht zur Einstellung und Entlassung sich beziehen muss auf die Mitarbeiter

- des ganzen Betriebs,
- eines Betriebsteils oder
- einer Arbeitnehmergruppe (z.B. alle befristet Beschäftigten, alle Aushilfen, alle Vertretungen, vorausgesetzt, es handelt sich um eine größere Anzahl solcher Arbeitnehmer).

3.3.2 Generalvollmacht oder Prokura, § 5 Abs. 3 Nr. 2 BetrVG

Generalvollmacht bedeutet, dass dieser Mitarbeiter den Arbeitgeber mit umfassender Vertretungsmacht in allen Bereichen vertritt. Er kann z.B. Kredite aufnehmen, Verkaufsräume anmieten oder Waren kaufen. Die Prokura wird nur von Kaufmännern erteilt und in das Handelsregister eingetragen. Prokuristen fügen ihrer Unterschrift stets ein „ppa“ bei. Es ist aber genau zu differenzieren, was ein Generalbevollmächtigter und Prokurist kann und was er tatsächlich darf. Denn Prokura und Generalvollmacht bestehen auch dann, wenn der Mitarbeiter zwar nach außen hin auftritt als sei er zu allen möglichen Geschäftsabschlüssen in der Lage, er tatsächlich aber kaum Entscheidungsspielraum hat. Mit anderen Worten: Was ein solcher Mitarbeiter macht und was er darf, sind zwei Paar Schuhe.

Beispiel: Der P ist von seinem Arbeitgeber A mit Prokura ausgestattet worden, diese wurde auch in das Handelsregister eingetragen. P darf allerdings nur Verträge eingehen, die ein Jahresvolumen von 5.000,00 € nicht überschreiten. Sobald die Geschäfte des P diesen Betrag übersteigen, muss er für alle weiteren Verträge die Zustimmung des A einholen.

Eine solche Prokura ist zwar nach außen hin, also gegenüber Geschäftspartnern, vollwertig. Im Verhältnis zu seinem Arbeitgeber liegt aber auf Seiten des P kein wirklicher Handlungsspielraum vor. P darf zwar wegen seiner Prokura theoretisch alle Geschäfte für den A abschließen, nur praktisch ist ihm das gerade nicht erlaubt. In solchen Fällen, wo Generalvollmacht oder Prokura zwar erteilt wurden, aber tatsächlich nur eine Erlaubnis zu unbedeutenden Geschäften vorliegt, handelt es sich nicht um leitende Angestellte.

3.3.3 Befugnis zu Entscheidungen von großer Bedeutung für das Unternehmen, § 5 Abs. 3 Nr. 3 BetrVG

Kann der Arbeitnehmer regelmäßig und frei von Weisungen Entscheidungen treffen oder maßgebend beeinflussen, die für das Unternehmen von großer Bedeutung sind, handelt es sich ebenfalls um einen leitenden Angestellten. Bekannt geworden ist dazu eine Entscheidung des BAG zur Eigenschaft des Leiters einer Wertpapierabteilung. Dieser erstattete der Geschäftsleitung regelmäßig Bericht. Die Geschäftsleitung orientierte sich in ihren Entscheidungen betreffend den Wertpapierhandel ausschließlich an dem Bericht dieses Abteilungsleiters und handelte stets nach seinen Empfehlungen. Weil der Bericht dieses Abteilungsleiters damit für die Geschäftsleitung die wesentliche Entscheidungsgrundlage bildete, wurde der Leiter der Wertpapierabteilung als leitender Angestellter eingestuft.

Die Vertretung der leitenden Angestellten findet nicht durch den Betriebsrat statt. Sie sind bei der Beurteilung des Erreichens von Schwellenwerten regelmäßig nicht zu berücksichtigen. Spricht das BetrVG von „wahlberechtigten Arbeitnehmern“, werden die leitenden Angestellten nicht mitgezählt, da sie weder aktiv noch passiv wahlberechtigt sind. Das einzige betriebsverfassungsrechtliche Organ, zu dem leitende Angestellte Zugang haben, ist der Wirtschaftsausschuss. Hier erlaubt § 107 BetrVG die Benennung der leitenden Angestellten. Dies sichert auf der einen Seite, dass die Wirtschaftsausschussmitglieder die erforderliche besondere Sachkunde mit sich bringen. Auf der anderen Seite ist die Besetzung von Posten im Wirtschaftsausschuss mit leitenden Angestellten unbedenklich, weil der Wirtschaftsausschuss selbst keinerlei Mitbestimmungsrechte hat, sondern als Beratungsorgan für den Betriebsrat gebildet wird.

Unter bestimmten Voraussetzungen können die leitenden Angestellten einen Sprecherausschuss nach dem SprAuG wählen. Dieser nimmt dann die Interessen der leitenden Angestellten wahr. Allerdings sind die Einflussnahmemöglichkeiten des Sprecherausschusses bei weitem nicht so ausgeprägt wie die des Betriebsrates nach dem BetrVG.

III. Wahl des Betriebsrates

1. Wahlvorstand

1.1 Bildung eines Wahlvorstands

Jede Betriebsratswahl wird durch die Bildung eines Wahlvorstands eingeleitet. Diesem obliegt die Organisation der gesamten Betriebsratswahl von der Einladung zur Wahl bis hin zur Stimmenauszählung. Die Bildung des Wahlvorstands hängt von der Frage ab, ob der Betrieb bereits einen Betriebsrat hat oder ob dieser zum ersten Mal gewählt wird.

1.1.2 Betriebe mit Betriebsrat

Ist bereits ein Betriebsrat vorhanden, sorgt dieser für die Bildung eines Wahlvorstands. Gemäß § 16 Abs. 1 BetrVG bestellt der vorhandene Betriebsrat spätestens 10 Wochen vor Ende seiner Amtszeit einen Wahlvorstand. Kommt der Betriebsrat bis acht Wochen vor Ende seiner Amtszeit dieser Verpflichtung nicht nach, wird der Wahlvorstand gemäß § 16 Abs. 2 BetrVG auf Antrag von mindestens drei wahlberechtigten Arbeitnehmern im Betrieb oder einer im Betrieb vertretenen Gewerkschaft durch das Arbeitsgericht bestellt. Gemäß § 16 Abs. 3 BetrVG kann der Wahlvorstand auch von dem Gesamt- oder Konzernbetriebsrat bestellt werden.

1.1.3 Betriebe ohne Betriebsrat

Wird in dem Betrieb zum ersten Mal überhaupt ein Betriebsrat gewählt, kann der Wahlvorstand von dem Gesamt- oder Konzernbetriebsrat gewählt werden, § 17 Abs. 1 BetrVG. Ist weder ein Gesamt- noch ein Konzernbetriebsrat vorhanden, können gemäß

§ 17 Abs. 2 BetrVG mindestens drei wahlberechtigte Arbeitnehmer oder eine im Betrieb vertretene Gewerkschaft zu einer Betriebsversammlung einladen und hier einen Wahlvorstand bestellen. Findet diese Betriebsversammlung gar nicht statt oder kommt es nicht zur Bestellung eines Wahlvorstands, bietet § 17 Abs. 4 BetrVG wiederum die Möglichkeit, einen Wahlvorstand auf Antrag von mindestens drei wahlberechtigten Arbeitnehmern oder einer im Betrieb vertretenen Gewerkschaft durch das Arbeitsgericht bestellen zu lassen.

1.2 Aufgaben des Wahlvorstands

1.2.1 Aufstellung einer Wählerliste, § 2 WO

Die erste Aufgabe des Wahlvorstands ist es, eine Wählerliste zu erstellen. Diese wird getrennt nach den Geschlechtern aufgestellt und enthält Familienname, Vorname und Geburtsdatum aller wahlberechtigten Arbeitnehmer im Betrieb. Die dafür erforderlichen Auskünfte muss der Arbeitgeber dem Wahlvorstand gemäß § 2 Abs. 2 WO erteilen. Arbeitnehmer, die in der Wählerliste zu Recht (wie bei den leitenden Angestellten) oder zu Unrecht nicht aufgeführt werden, haben kein Wahlrecht, vgl. § 2 Abs. 3 WO. Für die leitenden Angestellten sieht § 18a BetrVG ein eigenes Zuordnungsverfahren vor. Die Wählerliste wird vom Tage der Einleitung der Wahl an bis zum Abschluss der Stimmabgabe an geeigneter Stelle im Betrieb ausgelegt, § 2 Abs. 4 WO.

1.2.2 Erlass und Bekanntmachung des Wahlausschreibens, § 3 WO

Als nächstes erlässt der Wahlvorstand das Wahlausschreiben, § 3 Abs. 1 WO. Das Wahlausschreiben leitet die Betriebsratswahl offiziell ein und enthält die in § 3 Abs. 2 WO genannten Daten und Hinweise. Das Wahlausschreiben enthält auch einen Hinweis darauf, dass Einsprüche gegen die Wählerliste nur vor Ablauf von zwei Wochen seit dem Erlass des Wahlausschreibens schriftlich beim Wahlvorstand eingereicht werden können. Über derartige Einsprüche hat der Wahlvorstand unverzüglich zu entscheiden, § 4 Abs. 1 WO. Bei berechtigten Einsprüchen hat der Wahlvorstand die Wählerliste entsprechend zu berichtigen, § 4 Abs. 2 S. 4 WO. Hat der Wahlvorstand über einen Einspruch gegen die Wählerliste entschieden, muss er seine Entscheidung dem

Arbeitnehmer oder der Arbeitnehmerin, die den Einspruch eingelegt hat, unverzüglich mitteilen, § 4 Abs. 2 S. 5 WO.

1.2.3 Bestimmung der Mindestsitze für das Geschlecht in der Minderheit, § 5 WO

Weiterhin stellt der Wahlvorstand auch fest, welches Geschlecht sich im Betrieb in der Minderheit befindet und errechnet gemäß § 15 Abs. 2 WO den Mindestanteil der Betriebsratssitze für das Geschlecht in der Minderheit nach den Grundsätzen der Verhältniswahl. Die Anzahl der zu besetzenden Betriebsratssitze ist abhängig von der Anzahl der beschäftigten Arbeitnehmer und wird durch § 9 BetrVG festgelegt.

1.2.4 Prüfung der Wahlvorschlagslisten, §§ 7, 8 WO

Aufgabe des Wahlvorstands ist es auch, die abgegebenen Wahlvorschlagslisten zu überprüfen. Hier kontrolliert der Wahlvorstand, ob die Wahlvorschlagslisten gegen § 6 WO oder gegen § 14 Abs. 4 und Abs. 5 verstoßen. Die Wahlvorschlagslisten können binnen einer Nachfrist von drei Arbeitstagen korrigiert werden, § 8 WO. Werden überhaupt keine gültigen Wahlvorschlagslisten eingereicht, setzt der Wahlvorstand eine Nachfrist von einer Woche. Führt auch dies zu keiner gültigen Wahlvorschlagsliste, findet die Betriebsratswahl nicht statt, § 9 WO. Gemäß § 10 WO Abs. 2 WO hat der Wahlvorstand die gültigen Wahlvorschlagslisten spätestens eine Woche vor Beginn der Stimmabgabe bekannt zu machen.

1.2.5 Weitere Aufgaben des Wahlvorstands

Auch für die Durchführung des Wahlvorgangs, § 12 und die öffentliche Stimmauszählung, § 13 WO ist der Wahlvorstand verantwortlich. Die letzte Handlung des Wahlvorstands ist es, den neu gewählten Betriebsrat zu seiner ersten konstituierenden Sitzung einzuberufen, 29 Abs. 1 S. 1 BetrVG.

2. Wahlverfahren, § 14 BetrVG

Die Betriebsratswahl findet grundsätzlich nach den Grundsätzen der Verhältniswahl statt, § 14 Abs. 2 BetrVG. Nur dann, wenn nur ein Wahlvorschlag eingereicht wird oder im vereinfachten Verfahren gemäß § 14a BetrVG gewählt wird, gelten die Grundsätze der Mehrheitswahl. Die Betriebsratswahl ist unmittelbar und geheim, vgl. § 14 Abs. 1 BetrVG. Wahlberechtigte sind alle Arbeitnehmer, die das 18. Lebensjahr vollendet haben, § 7 BetrVG, wählbar sind alle Arbeitnehmer, die sechs Monate dem Betrieb angehören, § 8 BetrVG. Auch Leiharbeitnehmer haben ein aktives Wahlrecht, wenn sie länger als drei Monate in dem Betrieb eingesetzt werden, § 7 S. 2 BetrVG.

3. Wahlanfechtung und Wahlnichtigkeit

3.1 Wahlanfechtung, § 19 BetrVG

Wird bei einer Betriebsratswahl gegen wesentliche Vorschriften über das Wahlrecht, die Wählbarkeit oder das Wahlverfahren verstoßen, sieht § 19 BetrVG das Recht zur Wahlanfechtung vor. Dabei sind „wesentlich" alle zwingenden Vorschriften. Beachtlich sind aber nur solche Fehler, die das Wahlergebnis beeinflusst haben könnten. Die Wahlanfechtung kann nur binnen zweier Wochen nach Bekanntgabe des Wahlergebnisses durch Einleitung des Beschlussverfahrens vor dem Arbeitsgericht erfolgen. Hat die Wahlanfechtung Erfolg, bleiben zwar alle in der Vergangenheit vorgenommenen Handlungen dieses Betriebsrates wirksam, er kann aber ab Rechtskraft der arbeitsgerichtlichen Entscheidung keine wirksamen Handlungen für die Zukunft mehr vornehmen. Wird eine fehlerhafte Wahl nicht innerhalb der Frist angefochten, gilt sie als ordnungsgemäß.

3.2 Wahlnichtigkeit

Gesetzlich nicht geregelt, zwischenzeitlich aber durch die Rechtsprechung anerkannt, ist daneben auch die Möglichkeit der Wahlnichtigkeit. Diese ist beschränkt auf ganz besondere Ausnahmefälle, in denen gegen allgemeine Grundsätze jeder ordnungsgemäßen Wahl in so hohem Maße verstoßen worden ist, dass auch der Anschein einer dem Gesetz entsprechenden Wahl nicht mehr vorliegt. Es muss also ein sowohl offensichtlicher als auch grober Verstoß gegen die Wahlvorschriften vorliegen. Die Wahlnichtigkeit kann von jedem Arbeitnehmer oder einer im Betrieb vertretenen Gewerkschaft geltend gemacht werden. Sie ist auch nicht an eine Frist gebunden. Bestätigt das Arbeitsgericht die Nichtigkeit der Wahl, sind alle Handlungen des Betriebsrates mit Wirkung ex tunc nichtig.

4. Wahlschutz, § 20

Jedem ist es verboten, die Betriebsratswahl zu behindern. Um eine ungestörte Kandidatur und Wahl sicherzustellen, genießen sowohl der Wahlvorstand als auch die Wahlbewerber besonderen Kündigungsschutz gemäß § 15 Abs. 3 KSchG. Dieser dauert bis sechs Monate nach Bekanntgabe des Wahlergebnisses. Allerdings schließt dieser besondere Kündigungsschutz nur die ordentliche, nicht aber die Kündigung aus wichtigem Grund aus.

IV. Andere Organe der Betriebsverfassung

1. Jugend- und Auszubildendenvertretung, § 60 BetrVG

Der Betriebsrat ist nicht das einzige Organ der betriebsverfassungsrechtlichen Mitbestimmung. Er wird von weiteren Gremien bei der Wahrnehmung seiner Aufgaben unterstützt. Allerdings ist der Betriebsrat das wichtigste Organ des BetrVG mit den umfassendsten Einflussnahmemöglichkeiten.

Weiteres Organ der BetrVG ist die Jugend- und Auszubildendenvertretung. Diese sichert, dass bei der Ausübung der Mitbestimmungsrechte auch die Interessen der jungen Arbeitnehmer, also von Arbeitnehmern, die noch nicht das 18. Lebensjahr vollendet haben, und der Auszubildenden berücksichtigt werden. Dazu hat die Jugend- und Auszubildenden-Vertretung die Möglichkeit, einen Vertreter zu allen Betriebsratssitzungen zu entsenden. Betrifft eine Angelegenheit überwiegend die Interessen der Auszubildenden und jungen Arbeitnehmer, hat die Jugend- und Auszubildendenvertretung auch Stimmrechte, §§ 33 Abs. 3, 67 Abs. 2 BetrVG. Der Aufgabenkreis der Jugend- und Auszubildendenvertretung ist in § 70 BetrVG festgelegt.

2. Schwerbehindertenvertretung, §§ 176 ff SGB IX

Um sicherzustellen, dass auch die Interessen der schwerbehinderten und diesen gleich gestellten Arbeitnehmer berücksichtigt werden, wird in Betrieben mit mindestens fünf nicht nur vorübergehend beschäftigten Arbeitnehmern eine Vertrauensperson und mindestens ein stellvertretendes Mitglied gewählt, § 177 SGB IX. Aufgabe der Schwerbehindertenvertretung ist es, die Integration der schwerbehinderten Arbeitnehmer zu fördern, die Interessen dieser Arbeitnehmer im Betrieb zu vertreten und ihnen beratend und helfend zur Seite zu stehen, vgl. § 178 Abs. 1 SGB IX.

Die Schwerbehindertenvertretung hat das Recht, an allen Sitzungen des Betriebsrates teilzunehmen, § 32 BetrVG.

3. Wirtschaftsausschuss, §§ 106, 107 ff BetrVG

Ein weiteres Organ des BetrVG ist der Wirtschaftsausschuss. Dieser wird in Unternehmen mit in der Regel mehr als 100 ständig beschäftigten Arbeitnehmern durch den Betriebsrat bestellt, vgl. §§ 106 Abs. 1, § 107 Abs. 2 BetrVG. Aufgabe des Wirtschaftsausschusses ist es, wirtschaftliche Angelegenheiten mit dem Arbeitgeber zu beraten und den Betriebsrat zu unterrichten. Zur sachgerechten Erfüllung dieser Aufgabe sollen die Mitglieder des Wirtschaftsausschusses die erforderliche fachliche und persönliche Eignung besitzen, § 107 Abs. 1 S. 3 BetrVG. Der Wirtschafts-ausschuss ist das einzige Organ des BetrVG, zu dem auch leitende Angestellte bestellt werden können, vgl. § 107 Abs. 1 S. 3 BetrVG. Dies ist zum einen schon deswegen zweckmäßig, weil die besondere fachliche Eignung regelmäßig bei leitenden Angestellten vorhanden ist. Zum anderen ist die Mitgliedschaft von leitenden Angestellten in diesem Gremium auch deswegen unproblematisch, weil der Wirtschaftsausschuss keinerlei Mitbestimmungsrechte besitzt. Er dient allein der Beratung der Betriebsratsmitglieder und soll ihnen insbesondere in Angelegenheiten des § 111 BetrVG hilfreich zur Seite stehen und auf diese Weise die Ausübung der wirtschaftlichen Mitbestimmungsrechte erleichtern.

4. Einigungsstelle, §§ 76, 76a BetrVG

4.1 Aufgaben der Einigungsstelle, § 76 Abs. 1 BetrVG

Die Einigungsstelle hat neben dem Betriebsrat selbst die größte Bedeutung in der Betriebsverfassung. Die Einigungsstelle ist eine betriebliche Schlichtungsstelle. Sie hat vor allem die Funktion, durch ihren Spruch Meinungsverschiedenheiten zwischen Arbeitgeber und Betriebsrat beizulegen, vgl. § 76 Abs. 1 S.1 BetrVG. Dies kann sie in allen Angelegenheiten, in denen das Gesetz vorsieht, dass der Spruch der Einigungsstelle die Einigung zwischen Arbeitgeber und Betriebsrat ersetzt, vgl. z.B. § 87 Abs. 2 BetrVG oder auch § 39 Abs. 1 S. 4 BetrVG. In solchen Angelegenheiten wird die Einigungsstelle bereits tätig, wenn Arbeitgeber oder Betriebsrat den Antrag auf Entscheidung durch die Einigungsstelle stellen. Die Einigungsstelle kann aber auch in allen anderen Angelegenheiten herangezogen werden.

Sie darf aber dann, wenn ihr Spruch die Einigung zwischen Arbeitgeber und Betriebsrat nicht ersetzen kann, nur tätig werden, wenn Arbeitgeber und Betriebsrat gemeinsam ihre Entscheidung beantragt haben, § 76 Abs. 6 BetrVG.

4.2 Besetzung der Einigungsstelle, § 76 Abs. 2 BetrVG

Die Einigungsstelle muss stets eine ungerade Zahl von Mitgliedern aufweisen. Die Mitglieder bestehen aus einer gleichen Anzahl von Beisitzern und einem unparteiischen Vorsitzenden. Die Beisitzer werden je zur Hälfte von Betriebsrat und Arbeitgeber benannt. Regelmäßig werden die Beisitzer aus den Reihen der Arbeitnehmer (keine leitenden Angestellten), ausgewählt. Es besteht aber auch die Möglichkeit, Beisitzer von außerhalb des Betriebes heranzuziehen, wenn kein Arbeitnehmer nach Auffassung von Betriebsrat oder Arbeitgeber die notwendige fachliche oder persönliche Eignung besitzt, um dieses Amt auszuüben. Der Gesetzestext gibt allerdings nicht vor, mit wie vielen Mitgliedern die Einigungsstelle zu besetzen ist. Können Arbeitgeber und Betriebsrat sich über die Anzahl der Beisitzer der Einigungsstelle nicht einigen, entscheidet das Arbeitsgericht, § 76 Abs. 2 S. 2 BetrVG. Der Vorsitzende muss unparteiisch sein und kann deshalb nicht Angehöriger des Betriebes sein. Regelmäßig üben Richter der Arbeitsgerichte dieses Amt aus. Über die Person des Vorsitzenden müssen Betriebsrat und Arbeitgeber sich einigen. Kann über die Person des Vorsitzenden kein Einvernehmen erzielt werden, entscheidet das Arbeitsgericht gemäß § 76 Abs. 2 S.2 BetrVG.

4.3 Sitzungen der Einigungsstelle, § 76 Abs. 3 BetrVG

Wird der Antrag auf Entscheidung der Einigungsstelle gestellt, muss diese unverzüglich tätig werden, § 76 Abs. 3 S. 1 BetrVG. Nach Beratung entscheiden zunächst nur die Beisitzer. Der Vorsitzende der Einigungsstelle stimmt also zunächst nicht mit ab. Wird bereits bei dieser Abstimmung ein Mehrheitsergebnis erzielt, ist das Abstimmungsverfahren beendet. Entscheiden allerdings die Beisitzer paritätisch, kommt es zu einer weiteren Abstimmungsrunde. Nun entscheidet auch der Vorsitzende mit. Wegen der ungeraden Anzahl der Mitglieder der Einigungsstelle, kann in dieser weiteren Abstimmungsrunde nur ein mehrheitliches Ergebnis erzielt werden, wobei der Stimme des Vorsitzenden entscheidende Bedeutung zukommt.

Diskutiert wurde in der Vergangenheit, ob Mitglieder der Einigungsstelle auch das Recht haben, sich bei den Abstimmungen ihrer Stimme zu enthalten. Die überwiegende Meinung lehnt dies aber ab und argumentiert, das Einigungsstellenamt sei ein freiwilliges Ehrenamt. Wer also als Einigungsstellenmitglied Skrupel habe, seine Stimme abzugeben, müsse von diesem Ehrenamt zurücktreten. Im Anschluss an die letzte Abstimmung wird der Spruch der Einigungsstelle schriftlich niedergelegt, vom Einigungsstellenvorsitzenden unterschrieben und Arbeitgeber und Betriebsrat zugeleitet.

4.4 Wirkung und gerichtliche Überprüfung von Sprüchen der Einigungsstelle, § 76 Abs. 5 BetrVG.

Die Einigungsstelle ist gemäß § 76 Abs. 5 S. 3 BetrVG dazu verpflichtet, unter angemessener Berücksichtigung der widerstreitenden Interessen nach billigem Ermessen zu entscheiden. Dieses Ermessen bedeutet aber für die Einigungsstelle einen erheblichen Spielraum bei ihrer Entscheidung. Eine Überprüfung des Spruchs der Einigungsstelle wegen Überschreitens dieses Spielraums ist nur in engen Grenzen und nur innerhalb von zwei Wochen vom Tage der Zuleitung der Entscheidung von Arbeitgeber und Betriebsrat möglich. Es besteht nur die Möglichkeit, den Spruch der Einigungsstelle hinsichtlich

- einer Ermessensüberschreitung,
- einer Ermessensunterschreitung oder
- eines Ermessensfehlgebrauchs

gerichtlich zu kontrollieren. Dabei liegt eine Ermessensüberschreitung vor, wenn die Einigungsstelle den ihr zustehenden Entscheidungsspielraum überschritten hat. Von einer Ermessensunterschreitung wird dann ausgegangen, wenn die Einigungsstelle den ihr zustehenden Ermessensspielraum nicht genügend ausgeschöpft hat. Ein Ermessensfehlgebrauch besteht nur dann, wenn die Einigungsstelle Interessen von Arbeitgeber oder Betriebsrat, die bei ihrer Entscheidung hätten berücksichtigt werden müssen, unberücksichtigt gelassen hat. Das Arbeitsgericht kann keinen anderen Spruch fällen. Kommt es tatsächlich zu dem Ergebnis, dass die Einigungsstelle einen ermessensfehlerhaften Spruch getroffen hat, wird die Angelegenheit zur erneuten Entscheidung an die Einigungsstelle zurückgegeben.

4.5 Kosten der Einigungsstelle, § 76a BetrVG

Die Kosten des Einigungsstellenverfahrens hat der Arbeitgeber zu tragen, § 76 Abs. 1 BetrVG. Es ist keine Seltenheit, dass das Einigungsstellenverfahren 25.000 € und mehr kostet. Ein wesentlicher Faktor hierbei ist das Honorar des Einigungsstellenvorsitzenden. Die Beisitzer, die dem Betrieb angehören, erhalten während ihrer Tätigkeit die normale Vergütung weitergezahlt, § 76a Abs. 2 BetrVG. Die Beisitzer, die dem Betrieb nicht angehören, erhalten für ihre Tätigkeit vom Arbeitgeber eine Vergütung, § 76 a Abs. 3 BetrVG. Schon allein dieser hohe Kostenfaktor ist in der Praxis Anlass genug, die bisher unmögliche Einigung zwischen Arbeitgeber und Betriebsrat doch noch herbeizuführen.

5. Gesamt- und Konzernbetriebsrat, §§ 47 ff, 54 ff BetrVG

5.1 Gesamtbetriebsrat, §§ 47 ff BetrVG

Bestehen in einem Unternehmen mehrere Betriebsräte, ist ein Gesamtbetriebsrat zu bilden. Jeder Betriebsrat entsendet ein Mitglied in den Gesamtbetriebsrat, Betriebsräte mit mehr als drei Mitgliedern entsenden zwei Mitglieder in den Gesamtbetriebsrat, § 47 Abs. 2 BetrVG. Gemäß § 50 Abs. 1 BetrVG ist der Gesamtbetriebsrat für solche Angelegenheiten zuständig, die das gesamte Unternehmen oder mehrere Betriebe betreffen und die unternehmenseinheitlich geregelt werden müssen. Außerdem kann der Betriebsrat den Gesamtbetriebsrat beauftragen, eine Angelegenheit für ihn zu behandeln, § 50 Abs. 2 BetrVG.

5.2 Konzernbetriebsrat

§ 54 Abs. 1 BetrVG sieht außerdem die Möglichkeit vor, einen Konzernbetriebsrat zu bilden. Dieser ist gemäß § 58 BetrVG zuständig für solche Angelegenheiten, die den ganzen Konzern oder einzelne Konzernunternehmen betreffen und die nicht durch die Gesamtbetriebsräte geregelt werden können.

V. Amtszeit des Betriebsrates, §§ 21 ff BetrVG

1. Dauer und Beginn

Die regelmäßige Amtszeit des Betriebsrates beträgt vier Jahre, § 21 S. 1 BetrVG. Sie beginnt mit der Bekanntgabe des Wahlergebnisses. Ist der vorige Betriebsrat noch im Amt, beginnt die Amtszeit des neu gewählten Betriebsrates mit dem Ende der Amtszeit des vorigen Betriebsrates, spätestens jedoch am 31. Mai des Wahljahres.

2. Ende der Amtszeit

Grundsätzlich endet die Amtszeit spätestens am 31. Mai des regelmäßigen Wahljahres, § 21 S. 3 BetrVG. Muss außerhalb der regelmäßigen Betriebsratswahlen aus Gründen des 13 BetrVG gewählt werden, endet die Amtszeit gemäß § 13 S. 4 und S. 5 BetrVG mit dem 31. Mai des betreffenden Wahljahres oder mit der Bekanntgabe des Wahlergebnisses.

3. Rest- und Übergangsmandat, §§ 21a, 21 b BetrVG

3.1 Übergangsmandat, § 21 a BetrVG

Bereits vor der Reform des BetrVG im Jahre 2002 war das sog. Übergangsmandat durch die Rechtsprechung des BAG anerkannt. Seit der Reform hat das Übergangsmandat auch Eingang in das Gesetz gefunden. Das Übergangsmandat sichert im Falle der Spaltung eines Betriebes, dass die Arbeitnehmer des abgespaltenen Betriebsteils durch den Betriebsrat weiterhin vertreten werden, es sei denn, sie werden in einen Betrieb eingegliedert, für den bereits ein Betriebsrat besteht. Somit gewährleistet das Übergangsmandat die Mitbestimmungsrechte des Betriebsrates hinsichtlich von Arbeitnehmern, die infolge der Spaltung eigentlich nicht mehr in seinen Zuständigkeitsbereich fallen. Auf diese Weise werden auch betriebsratslose Zeiten vermieden. Voraussetzung für das Übergangsmandat ist allerdings, dass der abgespaltene Betriebsteil die Anforderungen des § 1 Abs. 1 BetrVG erfüllt, also mindestens fünf wahlberechtigte Arbeitnehmer beschäftigt werden.

In Ausübung seines Übergangsmandats ist der Betriebsrat des abspaltenden Betriebes verpflichtet, Wahlvorstände zu bestellen und damit die Betriebsratswahlen in dem abgespaltenen Betriebsteil zu veranlassen. Das Übergangsmandat endet nicht vor dem Abschluss der Betriebsratswahl in dem abgespaltenen Betriebsteil, spätestens aber sechs Monate nach Wirksamwerden der Spaltung, § 21 a Abs. 1 S. 3 BetrVG.

3.2 Restmandat, § 21 b BetrVG

Auch das Restmandat wurde erst 2002 in das BetrVG aufgenommen. Dieses sichert den Fortbestand des Betriebsrates bei Stilllegung, Spaltung oder Verschmelzung des Betriebes, so lange Angelegenheiten bestehen, die der Mitwirkung oder Mitbestimmung des Betriebsrates bedürfen. Folge des Restmandats ist, dass das Betriebsratsamt unter Umständen länger dauert, als das Arbeitsverhältnis des Betriebsratsmitglieds. Bedeutung hat das Restmandat vor allem bei Abschluss und Durchführung eines Sozialplans, § 112 BetrVG.

4. Ersatzmitglieder, § 25 BetrVG

Im Falle der Verhinderung eines Betriebsratsmitglieds an der Ausübung seines Amtes (z.B. wegen Krankheit oder Urlaub) ist der Betriebsratsvorsitzende verpflichtet, stattdessen ein Ersatzmitglied zu seiner Vertretung zu bestellen. Die Ersatzmitglieder - auch Nachrücker genannt – werden aus den nicht gewählten Kandidaten der Betriebsratswahl unter Berücksichtigung des Minderheitengeschlechts bestimmt, vgl. § 25 Abs. 2 BetrVG. Der Vorsitzende hat gemäß § 29 Abs. 2 S. 6 BetrVG im Falle der Verhinderung eines Betriebsratsmitgliedes das Ersatzmitglied zu laden. Dabei gelten als Verhinderungsgründe grundsätzlich nur Urlaub, Krankheit und Teilnahme an einem Betriebsrats-Seminar. Regelmäßig kommen diese einer solchen Ladung auch ausgesprochen gern nach, da die Ersatzmitglieder auf diese Weise in den Genuss des besonderen Kündigungsschutzes nach § 15 Abs. 1 KSchG kommen

In allen anderen Fällen – z.B. wegen Arbeitsüberlastung des ordentlichen Betriebsratsmitglieds – darf, von besonderen Ausnahmesituationen abgesehen, in aller Regel kein Ersatzmitglied geladen werden. Dies kann sogar die Unwirksamkeit eines

Betriebsratsbeschlussses, der unter Beteiligung eines zu Unrecht geladenen Ersatzmitgliedes gefasst wurde, zur Folge haben.

VI. Organisation des Betriebsrates

1. Rechts- und Vermögensfähigkeit eines Betriebsrates

Der Betriebsrat ist weder rechts- noch vermögensfähig. Unwirksam ist daher z.B. eine Vereinbarung, nach der sich der Arbeitgeber gegenüber dem Betriebsrat verpflichtet, diesem im Falle der Verletzung von Mitbestimmungsrechten eine Vertragsstrafe zu zahlen. Gemäß § 10 S. 1 ArbGG ist der Betriebsrat aber parteifähig. Dies ist vor allem im Beschlussverfahren, § 2a ArbGG, von Bedeutung, wenn der Betriebsrat z.B. eine Verletzung seiner Mitbestimmungsrechte durch den Arbeitgeber gerichtlich bestätigt haben möchte.

2. Stellung des Vorsitzenden, § 26 BetrVG

2.1 „Sprachrohr" des Betriebsrates

Gemäß § 26 Abs. 1 BetrVG wählen die Betriebsratsmitglieder aus ihrer Mitte einen Vorsitzenden. Um sicherzustellen, dass der Betriebsrat stets funktionsfähig ist, bestimmt das Gremium neben dem Vorsitzenden auch noch einen Stellvertreter. Dieser übt das Amt immer dann aus, wenn der Vorsitzende selbst an der Ausübung seines Amtes gehindert ist, vgl. § 26 Abs. 2 BetrVG.

2.2 Aufgaben des Betriebsratsvorsitzenden

Der Vorsitzende übt innerhalb des Gremiums die wichtigste Funktion aus. Er ist das Sprachrohr des Betriebsrates, vgl. § 26 Abs. 2 BetrVG. Das bedeutet, dass er alle Erklärungen des Betriebsrates abgibt und alle Erklärungen für den Betriebsrat entgegennimmt. Außerdem beruft der Vorsitzende alle Sitzungen des Betriebsrates ein, setzt die Tagesordnung fest und leitet die Verhandlungen § 29 Abs. 2 BetrVG. Auch die Leitung von Betriebsversammlungen gemäß §§ 42 ff BetrVG gehört in den Aufgabenbereich des Betriebsratsvorsitzenden. Alle Niederschriften und Vereinbarungen, die der Betriebsrat allein oder zusammen mit dem Arbeitgeber trifft, sind zumindest von dem Vorsitzenden zu unterzeichnen, vgl. §§ 34 Abs. 1, 77 Abs. 2 BetrVG.

2.3 Sitzungen des Betriebsrates, §§ 29 ff BetrVG

Betriebsratssitzungen dienen der Verhandlung und Abstimmung über Angelegenheiten des Betriebs oder des Betriebsrates. Alle Entscheidungen des Gremiums sollen grundsätzlich mittels einer Sitzung getroffen werden. Regelmäßig finden die Sitzungen in vorher festgelegten Zeitabschnitten, z.B. alle zwei Wochen statt. Dazu lädt der Vorsitzende rechtzeitig unter Mitteilung der Tagesordnung ein, § 29 Abs. 2 S. 3 BetrVG. Der Betriebsratsvorsitzende ist nur verpflichtet, eine Sitzung einzuberufen und den Gegenstand, über den beraten werden soll, auf die Tagesordnung zu setzen, wenn dies ein Viertel der Mitglieder des Betriebsrates oder der Arbeitgeber beantragt, vgl. § 29 Abs. 3 BetrVG. Dazu bestimmt § 30 BetrVG, dass die Sitzungen des Betriebsrates grundsätzlich während der Arbeitszeit stattfinden. Sie sind nicht öffentlich. Der Betriebsrat ist außerdem dazu verpflichtet, den Arbeitgeber rechtzeitig über Sitzungen zu informieren. Die Themen der Sitzung werden vorher auf einer Tagesordnung durch den Betriebsratsvorsitzenden festgelegt. Einzelheiten können auch in einer Geschäftsordnung, § 36 BetrVG festgelegt werden.

2.4 Beschlüsse des Betriebsrates, §§ 33 ff BetrVG

Alle Entscheidungen des Betriebsrates werden in Form von Beschlüssen gefasst. Dazu muss mindestens die Hälfte der gewählten Betriebsratsmitglieder persönlich anwesend ist, § 33 Abs. 2 BetrVG. Eine Entscheidung im Umlaufverfahren, also mittels Telefon- oder Videokonferenz ist folglich unzulässig. Ein Antrag ist nur dann angenommen, wenn die Mehrheit der anwesenden Betriebsratsmitglieder dafür stimmt, auch bei Stimmengleichheit ist ein Antrag abgelehnt, § 33 Abs. 1 BetrVG. Grundsätzlich reicht es aus, wenn die Mehrheit der anwesenden Betriebsratsmitglieder für einen Antrag stimmt, es sei denn, das Gesetz sieht ausschließlich die Mehrheit der gewählten Mitglieder für die Annahme eines Antrags vor. Das Ergebnis jeder Verhandlung ist gemäß § 34 BetrVG in eine Sitzungsniederschrift aufzunehmen. Diese enthält auch den Wortlaut der Beschlüsse und die Stimmenmehrheit, mit der sie gefasst wurden. Außerdem muss diese eine Anwesenheitsliste beigefügt werden, in die sich die anwesenden Betriebsratsmitglieder eigenhändig eingetragen haben. Mit dieser Anwesenheitsliste kann der Betriebsrat im Streitfall beweisen, dass er die Anforderungen des § 33 BetrVG erfüllt und somit einen wirksamen Beschluss gefasst hat.

3. Betriebsausschuss, § 27 BetrVG

Hat der Betriebsrat neun oder mehr Mitglieder, hat er einen Betriebsausschuss zu bilden. Diesem gehören stets der Vorsitzende des Betriebsrates und sein Stellvertreter an. Aufgabe des Betriebsausschuss ist die Führung der laufenden Geschäfte des Betriebsrates. Außerdem kann der Betriebsrat beschließen, dem Betriebsausschuss bestimmte Aufgaben zur selbständigen Erledigung zu übertragen. Der Abschluss von Betriebsvereinbarungen kann allerdings nicht an den Betriebsausschuss übertragen werden, hier entscheidet stets das ganze Gremium.

4. Weitere Ausschüsse, § 28 BetrVG

Daneben besteht in Betrieben mit mehr als 100 Arbeitnehmern auch die Möglichkeit, weitere Ausschüsse zu bilden und diesen Aufgaben zur selbständigen Erledigung zu übertragen.

5. Arbeitsgruppen, § 28a BetrVG

Um die Besonderheiten der Gruppenarbeit besser berücksichtigen zu können, sieht § 28a BetrVG außerdem in Betrieben mit mehr als 100 Arbeitnehmern vor, nach Maßgabe einer mit dem Arbeitgeber abzuschließenden Rahmenvereinbarung, bestimmte Aufgaben auf die Arbeitsgruppen zu übertragen. Danach kann die Arbeitsgruppe im Rahmen der ihr übertragenen Aufgaben selbst Vereinbarungen mit dem Arbeitgeber schließen, § 28a Abs. 2 BetrVG.

VII. Rechtsstellung der Betriebsratsmitglieder

1. Besonderer Kündigungsschutz, § 15 KSchG

1.1 Grundsätzlicher Ausschluss der ordentlichen Kündigung

Während der vierjährigen Amtszeit ist grundsätzlich jede ordentliche Kündigung – also auch die Änderungskündigung – von Mitgliedern des Betriebsrates ausgeschlossen. Zulässig bleibt die Kündigung aus wichtigem Grund gemäß § 626 BGB. Allerdings darf der Arbeitgeber dem Betriebsratsmitglied auch aus wichtigem Grund nur dann kündigen, wenn der Betriebsrat dazu seine Zustimmung gemäß § 103 BetrVG erteilt hat oder wenn diese auf Antrag des Arbeitgebers durch Entscheidung des Arbeitsgerichts ersetzt wurde, vgl. § 103 Abs. 2 BetrVG.

Auch nach Beendigung der Amtszeit des Betriebsratsmitglieds ist die ordentliche Kündigung weitestgehend ausgeschlossen und daher nur die außerordentliche Kündigung aus wichtigem Grund zulässig. Gemäß § 15 Abs. 1 S. 2 KSchG gilt ein sog. nachwirkender Kündigungsschutz bis ein Jahr nach Beendigung der Amtszeit. Allerdings ist während des nachwirkenden Kündigungsschutzes keine Zustimmung mehr gemäß § 103 BetrVG erforderlich. Der Betriebsrat wird bei der Kündigung eines ehemaligen Betriebsratsmitgliedes aus wichtigem Grund im nachwirkenden Kündigungsschutz lediglich – wie bei allen anderen Arbeitnehmern auch – gemäß § 102 BetrVG beteiligt.

1.2 Ausnahme vom Ausschluss der ordentlichen Unkündbarkeit, § 15 Abs. 4 KSchG

Nur bei Stilllegung des Betriebes bleibt die ordentliche betriebsbedingte Kündigung von Betriebsratsmitgliedern zulässig, § 15 Abs. 4 KSchG. Allerdings darf das Arbeitsverhältnis, unabhängig von der Kündigungsfrist nicht vor der Stilllegung selbst enden. Auch in diesem Fall gilt die Vorschrift des Restmandats, § 21 b BetrVG, so dass trotz Kündigung nicht zwangsläufig auch das Betriebsratsamt selbst enden muss. Unterhält der Arbeitgeber noch weitere Betriebsteile, ist er nach § 15 Abs. 5 KSchG verpflichtet, das Betriebsratsmitglied in diese Abteilung – notfalls durch Freikündigung – zu übernehmen.

1.3 Kündigungsschutz der Ersatzmitglieder

Vertritt ein Ersatzmitglied ein vorübergehend an der Amtsführung verhindertes Betriebsratsmitglied in der Wahrnehmung des Betriebsratsamtes, so ist auch das nachgerückte Ersatzmitglied innerhalb eines Jahres nach Beendigung der Vertretung vor der ordentlichen Kündigung geschützt. Dieser besondere Kündigungsschutz ist gesetzlich nicht geregelt, durch die Rechtsprechung des BAG aber zwischenzeitlich anerkannt. Voraussetzung für das Eingreifen des besonderen Kündigungsschutzes ist allerdings, dass das Ersatzmitglied auch tatsächlich nachgerückt ist. Der besondere Kündigungsschutz gilt also dann nicht, wenn das Ersatzmitglied während der Amtszeit keinerlei Betriebsratstätigkeiten ausüben musste.

2. Unentgeltliches Ehrenamt, § 37 Abs. 1 BetrVG

Die Mitglieder des Betriebsrates führen gemäß § 37 Abs. 1 BetrVG ihr Amt unentgeltlich als freiwilliges Ehrenamt. Zur Sicherung der sachgerechten Ausübung des Betriebsratsamtes darf der Arbeitgeber also keinerlei finanzielle oder sonstige Vorteile gewähren. Dies bestätigt auch § 78 S. 2 BetrVG, der zwar jede Benachteiligung der Mitglieder des Betriebsrates verbietet, aber auch jede Begünstigung.

3. Anspruch auf bezahlte Freistellung von der Arbeit, § 37 Abs.2 BetrVG

Jedes Mitglied des Betriebsrates hat Anspruch auf bezahlte Freistellung von der Arbeitsleistung zur Wahrnehmung erforderlicher Betriebsratstätigkeit, § 37 Abs. 2 BetrVG. Nach dieser Vorschrift ist der Arbeitgeber verpflichtet, das Betriebsratmitglied, das Betriebsratsarbeit wahrgenommen hat, genauso zu entlohnen, wie es auch ohne Betriebsratsarbeit entlohnt worden wäre.

Beispiel: Betriebsratmitglied B erhält für seine Arbeit in der Fertigung eine Schmutzzulage. Diese Schmutzzulage muss der Arbeitgeber des B auch dann weiterzahlen, wenn B während seiner Arbeitszeit Betriebsratstätigkeit im Betriebsratsbüro erledigt.

Als ungeschriebene Voraussetzung des § 37 Abs. 2 BetrVG ist die Verpflichtung der Betriebsratsmitglieder zur rechtzeitigen Abmeldung vor Verlassen des Arbeitsplatzes zur Wahrnehmung erforderlicher Betriebsratstätigkeit zu nennen. Dabei ist fraglich, ob die Abmeldung neben der voraussichtlichen Dauer der Betriebsratstätigkeit auch Angaben darüber enthalten muss, welche Betriebsratstätigkeit das Betriebsratsmitglied erledigen will.

Beispiel: Das Betriebsratsmitglied B streitet um Arbeitsentgelt, das die Arbeitgeberin A für Zeiten gekürzt hat, in denen sich der B für Betriebsratstätigkeiten abgemeldet hat. Die Arbeitgeberin A beschäftigt ca. 100 Arbeitnehmer. Der B ist Vorsitzender des bei der Arbeitgeberin A gebildeten fünfköpfigen Betriebsrates. Er erhält einen Stundenlohn von 13,20 € brutto bei einer regelmäßigen wöchentlichen Arbeitszeit von 37 Stunden. Im Zusammenhang mit einer Firmenerweiterung wurde der B einvernehmlich bis Anfang April 2012 freigestellt. Mit Schreiben vom 07.04.2012 wies die Arbeitgeberin A den Betriebsrat auf das Ende der Freistellung hin. Zugleich wurde der B zur Arbeitsaufnahme aufgefordert.

Für erforderliche Betriebsrattätigkeit sollte er sich bei der Betriebsleitung rechtzeitig abmelden. In der Folgezeit meldete sich der B für die Erledigung von Betriebsrattätigkeiten wie folgt ab:

„Ich möchte am ... in der Zeit von ... bis ... im Rahmen der Geschäftsführung des Betriebsrates die anfallenden Angelegenheiten nach dem Mitbestimmungs- und Mitwirkungsrecht des Betriebsrates erledigen."

Dieses Abmeldeverfahren hielt die Arbeitgeberin A für unzureichend und verlangte auch stichwortartige Angaben zur Art der beabsichtigten Betriebsratstätigkeit. Dennoch behielt der B das von ihm praktizierte Abmeldeverfahren bei. Daraufhin verweigerte die Arbeitgeberin A die Vergütung der in den Monaten Juni bis Juli 2012 sowie im Zeitraum von November 2012 bis März 2013 angemeldeten Betriebsratstätigkeit von insgesamt 253,5 Stunden. Dabei entfielen auf den Monat Juni 2012 55,5 Stunden (= 732,60 €) und auf die Monate Juli 2012 bis März 2013 178,5 Stunden (= 2.356,20 €). Im Laufe des Verfahrens vor dem Arbeitsgericht hat der B für die streitbefangenen Monate Juli 2012 bis März 2013 zu der Art seiner Betriebsratstätigkeit und deren jeweiligen Dauer stichwortartig vorgetragen. Er hat im Einzelnen seine geschäftsführende Tätigkeit für den Betriebsrat dargelegt, den mit der Geschäftsführung geführten Briefwechsel aufgelistet und die zwischen den Betriebsparteien geführten Gespräche aufgezeigt. Darüber hinaus hat er zu seinen Tätigkeiten im Zusammenhang mit den jeweiligen Betriebsratssitzungen und einer Betriebsversammlung sowie der beabsichtigten Wahl einer Jugend- und Auszubildendenvertretung vorgetragen, die Themen einzelner Mitarbeiter dargelegt und Angaben zur Inanspruchnahme von rechtlicher Beratung in betriebsverfassungsrechtlichen Angelegenheiten gemacht. Zur Art der im Juni 2012 durchgeführten Betriebsratsarbeit ist kein Vortrag erfolgt. Hat B Anspruch auf Lohn in Höhe von 732,60 € für Juni 2012 und in Höhe von 2.356,20 € für Juli 2012 bis März 2013?

Lösung: Anspruch des B gegen seinen Arbeitgeberin A auf Lohn in Höhe von 732,60 € für Juni 2012 und in Höhe von 2.356,20 € für Juli 2012 bis März 2013 gemäß § 37 Abs. 2 BGB i.V.m. Arbeitsvertrag?

1. Ohne Arbeit kein Lohn

Im Arbeitsverhältnis gilt der Grundsatz: Ohne Arbeit kein Lohn. Da B in den streitbefangenen Zeiträumen keine Arbeitsleistung erbracht hat, kann er von seiner Arbeitgeberin A eigentlich keine Vergütung verlangen. Etwas anderes könnte sich aber dadurch ergeben, dass der B Mitglied des gewählten Betriebsrates ist. Mitglieder des Betriebsrates haben bei Verrichtung erforderlicher Betriebsratstätigkeit gemäß § 37 Abs. 2 BetrVG Anspruch auf Fortzahlung desjenigen Lohns, den sie verdient hätten, wenn sie ihre reguläre Arbeit verrichtet hätten. Dabei ist § 37 Abs. 2 BetrVG keine eigenständige Anspruchsgrundlage, sondern verpflichtet den Arbeitgeber lediglich zur Fortzahlung der vertraglichen Vergütung.

Laut Sachverhalt ist B Vorsitzender des bei der A gewählten Betriebsratsrates. Die Anwendbarkeit des § 37 Abs. 2 BetrVG ist somit gegeben.

2. Abmeldung als ungeschriebene Voraussetzung des Anspruchs auf Lohnfortzahlung gemäß § 37 Abs. 2 BetrVG

Obwohl es dem Wortlaut des Gesetzes nicht zu entnehmen ist, setzt § 37 Abs. 2 BetrVG eine ordnungsgemäße Abmeldung vor Verlassen des Arbeitsplatzes (sowie eine Rückmeldung bei der Rückkehr an den Arbeitsplatz) voraus. Das Abmeldeerfordernis gilt für jeden Arbeitnehmer, der an der Erbringung seiner Arbeitsleistung gehindert ist und folgt aus der allgemeinen Treuepflicht, § 242 BGB. Außerdem sind Betriebsrat und Arbeitgeber gemäß § 2 Abs. 1 BetrVG zur vertrauensvollen Zusammenarbeit verpflichtet. B hat sich unter Hinweis auf die Verrichtung erforderlicher Betriebsratstätigkeit bei A abgemeldet. Fraglich ist, ob A für eine ordnungsgemäße Abmeldung auch Angaben zum Inhalt der geplanten Betriebsratstätigkeit verlangen kann:

Früher vertretene Auffassung des BAG:

Das BAG bejahte in seiner früher vertretenen Auffassung eine Verpflichtung des Betriebsratsmitgliedes auch zu Angaben über den Inhalt der geplanten Betriebsratstätigkeit. Begründet wurde dies mit der Lohnzahlungspflicht des Arbeitgebers. Wenn dieser schon für die Zahlung der Vergütung verantwortlich sei, habe er auch ein berechtigtes Interesse daran, zu erfahren, warum er trotz Nichterbringung der Arbeitsleistung die volle Entlohnung erbringen müsse.

Heute vertretene Auffassung des BAG

An dieser Rechtsprechung hält das BAG nicht länger fest. Nach dieser neueren Rechtsprechung ist das Betriebsratsmitglied bei der Abmeldung grundsätzlich nicht mehr verpflichtet, auch Angaben zu der Art der in Aussicht genommenen Betriebsratstätigkeit zu machen. Eine derartige Verpflichtung setze das Betriebsratsmitglied bereits im Vorfeld der Betriebsratstätigkeit unerwünschten Rechtfertigungszwängen aus. Darüber hinaus erlauben bereits stichwortartige Kurzangaben einen Rückschluss des Arbeitgebers auf die Betriebsratstätigkeit und eröffnen somit Kontroll- und Einflussnahmemöglichkeiten. Auch mit dem Zweck der Abmeldung ist eine Verpflichtung zu inhaltlichen Angaben nicht zu vereinbaren. Sinn und Zweck der Abmeldung ist es, dem Arbeitgeber Dispositionsmöglichkeiten einzuräumen und ihm die Möglichkeit zu geben, den Ausfall des Betriebsratsmitglieds an seinem Arbeitsplatz überbrücken zu können. Der Arbeitgeber hat aber keine besseren Dispositionsmöglichkeiten, wenn er den Inhalt der beabsichtigten Betriebsratstätigkeit kennt. Ausreichend hierfür sind Angaben hinsichtlich der voraussichtlichen Dauer der Abwesenheit am Arbeitsplatz. Nach ordnungsgemäßer Abmeldung darf das Betriebsratsmitglied den Arbeitsplatz zustimmungsfrei verlassen. Nur dann, wenn der Arbeitgeber bei Verlassen des Arbeitsplatzes gegenüber dem Betriebsratsmitglied betriebliche Zwänge geltend macht, die die Unabkömmlichkeit des Betriebsratsmitglied an seinem Arbeitsplatz zur Folge haben, kann der Arbeitgeber aus dem Grundsatz der vertrauensvollen Zusammenarbeit auch stichwortartige Kurzangaben zu dem Inhalt der geplanten Betriebsratstätigkeit verlangen. Das Betriebsratsmitglied muss in diesem Fall die geplante Betriebsratstätigkeit und die Interessen des Arbeitgebers gegeneinander abwägen. Kommt es zu dem Ergebnis, dass die Betriebsratsarbeit gegenüber den Interessen des Arbeitgebers überwiegt, darf es sich trotz der betrieblichen Zwänge ohne Zustimmung des Arbeitgebers von seinem Arbeitsplatz entfernen.

Ein Verstoß gegen die Interessen des Arbeitgebers sei in dieser Rechtsprechung nicht zu sehen. Dieser habe schließlich die Möglichkeit, bei berechtigten Zweifeln an der Erforderlichkeit der Betriebsratstätigkeit, den Lohn des Betriebsratsmitglieds im Umfang seiner Abwesenheit am Arbeitsplatz zu kürzen, und sich so im arbeitsgerichtlichen Verfahren die Erforderlichkeit der Betriebsratstätigkeit von dem Betriebsratsmitglied darlegen zu lassen.

Betriebliche Zwänge, die den B an seinem Arbeitsplatz unverzichtbar gemacht hätten, hat A nicht geäußert. B hat sich nach dieser neueren Rechtsprechung folglich ordnungsgemäß abgemeldet.

Diese neuere Rechtsprechung des BAG hat auf Arbeitgeberseite heftige Prostete ausgelöst. So wurde insbesondere die Befürchtung geäußert, ein Entfallen der Verpflichtung zu inhaltlichen Kurzangaben könnte zur Folge haben, dass Betriebsräte die Freistellung als bezahlten Sonderurlaub ausnützen könnten. Der Arbeitgeber hat damit nur noch die Möglichkeit, sich durch Einbehalt von Lohn und eine dadurch veranlasste Lohnzahlungsklage des Betriebsratsmitglieds von der Erforderlichkeit der Betriebsratstätigkeit zu überzeugen. Das bedeutet aber nicht etwa, dass der Arbeitgeber pauschal jeden Monat den Lohn von Mitgliedern des Betriebsrates kürzen darf. Dies verbietet der Grundsatz der vertrauensvollen Zusammenarbeit, § 2 Abs. 1 BetrVG. Nur dann, wenn der Arbeitgeber aufgrund der konkreten betrieblichen Situation und des Umfangs der geltend gemachten Betriebsratstätigkeit berechtigte Zweifel an deren Erforderlichkeit haben darf, ist er zur Lohnkürzung berechtigt.

3. Überprüfung der Erforderlichkeit im arbeitsgerichtlichen Verfahren

3.1. Erforderliche Betriebsratstätigkeit i.S.v. § 37 Abs. 2 BetrVG

Die Frage nach der Erforderlichkeit von Betriebsratstätigkeiten ist stets eine Einzelfallentscheidung. Erforderlich ist die Betriebsratstätigkeit dann, wenn das Betriebsratsmitglied diese zum Zeitpunkt der Abmeldung für sachgerecht halten durfte. Dabei hat das Betriebsratsmitglied die Frage der Erforderlichkeit nach nicht allein nach seinem subjektiven Ermessen zu beantworten, sondern vom Standpunkt eines vernünftigen Dritten aus die Interessen des Betriebes und des Betriebsrates gegeneinander abzuwägen. Die Erforderlichkeit der Betriebsratstätigkeit liegt also mit anderen Worten immer dann vor, wenn sich der vernünftige Dritte zum Zeitpunkt der Abmeldung auch für die Betriebsratstätigkeit entschieden hätte.

3.2. Darlegungs- und Beweislast von Mitgliedern des Betriebsrates

B muss vor dem Arbeitsgericht die in den streitigen Zeiträumen geleistete Betriebsratstätigkeit offen legen. Er kann sich insbesondere nicht mehr auf Rechtsfertigungszwänge gegenüber dem Arbeitgeber berufen. Zum Zeitpunkt der Gerichtsverhandlung ist die Betriebsratstätigkeit regelmäßig bereits abgeschlossen. Somit scheiden sowohl Rechtfertigungszwänge, also auch Einfluss- und Kontrollmöglichkeiten des Arbeitgebers aus. Außerdem kann nicht unterstellt werden, dass Betriebsräte im Anschluss an jede Abmeldung tatsächlich erforderliche Betriebsratstätigkeit leisten.
Bei Leistungsklagen, also auch bei einer Klage um einbehaltenen Lohn, trifft den Kläger üblicherweise die volle Darlegungs- und Beweislast. Folglich müsste B alle für seinen Anspruch günstigen Tatsachen darlegen und beweisen. Bei Betriebsratsmitgliedern gilt hingegen nur eine abgestufte Darlegungs- und Beweislast:

- Um die Prüfung der Erforderlichkeit zu ermöglichen, hat das Betriebsratmitglied zunächst stichwortartig zur Art der Betriebsratstätigkeit und deren Dauer vorzutragen. Ziel dieses Vortrags ist eine Plausibilitätskontrolle durch das Arbeitsgericht.
- Dann ist es Sache des Arbeitgebers seinerseits darzulegen, aus welchen Gründen unter Berücksichtigung der stichwortartigen Angaben des Betriebsratsmitgliedes sich Zweifel an der Erforderlichkeit der angegebenen Betriebsratstätigkeit ergeben. Erst dann hat Betriebsratsmitglied substantiiert darzulegen, aufgrund welcher Umstände es die Betriebsratstätigkeit für erforderlich halten durfte.

Im vorliegenden Sachverhalt hat B die nach dieser abgestuften Darlegungs- und Beweislast erforderlichen Angaben für den Zeitraum Juli 2012 bis März 2013 gemacht. Alle von B genannten und nachgewiesenen Betriebsratstätigkeiten fallen in den gesetzlichen Aufgabenbereich von Betriebsräten und sind als erforderlich anzusehen. A hat keinerlei Gegenbeweis dafür erbracht, dass B die aufgeführten Tätigkeiten nicht erbracht hat. Weitergehende Angaben mussten daher von B nicht gemacht werden. Somit hat B seinen Anspruch auf Lohn für diesen Zeitraum bewiesen. Allerdings hat B keine Angaben zu dem Zeitraum Juni 2012 gemacht. Er hat damit seiner Darlegungs- und Beweislast nicht entsprochen. Er kann sich hier auch nicht auf allgemeine Erfahrungen berufen, dass in einem Betrieb stets 55,5, Stunden Betriebsratstätigkeit anfallen, weil dies immer eine Frage des Einzelfalls ist. Hinsichtlich des Anspruchs auf 732,60 € ist die Klage des B also erfolglos.

4. Ergebnis: B hat gegen A einen Anspruch auf Zahlung von 2.356,20 € für den Zeitraum Juli 2012 bis März 2013 gemäß § 37 Abs. 2 BetrVG i.V.m. Arbeitsvertrag.

4. Anspruch auf Vergütung von Betriebsratstätigkeit außerhalb der Arbeitszeit, § 37 Abs. 3 BetrVG

Kann die Betriebsratstätigkeit aus betrieblichen Gründen nicht innerhalb der Arbeitszeit des Betriebsratsmitgliedes erledigt werden, kommt ein Ausgleich gemäß § 37 Abs. 3 BetrVG in Betracht. Dieser sieht einen Anspruch auf bezahlte Freistellung vor, wenn die Erledigung der Betriebsratstätigkeit innerhalb der Arbeitszeit unmöglich ist. Hinzugezählt werden auch Wege-, Fahrt- und Reisezeiten, soweit sie mit der Durchführung der Betriebsratstätigkeit in einem unmittelbaren Zusammenhang stehen. Seit der Reform des BetrVG bestimmt § 37 Abs. 3 S. 2 BetrVG, dass betriebliche Gründe auch dann vorliegen, wenn die Betriebsratstätigkeit wegen der unterschiedlichen Arbeitszeiten der Betriebsratsmitglieder nicht innerhalb der persönlichen Arbeitszeit erfolgen kann. Vor der Reform war dieser Ausgleichsanspruchs nur dann gegeben, wenn die Betriebsratstätigkeit nicht innerhalb der „betrieblichen" Arbeitszeit erledigt werden konnte. Durch diese frühere Formulierung wurden die Teilzeitbeschäftigten schlechter gestellt. Sie erhielten so lange keine Vergütung für außerhalb ihrer Arbeitszeit erbrachte Betriebsratsarbeit, wie diese noch in die betriebliche Arbeitzeit fiel. Weil Teilzeitarbeit nach wie vor fast ausschließlich von Frauen erbracht wird, sah der EuGH in dieser Vorschrift eine mittelbare Diskriminierung von Frauen. Durch die Änderung des Gesetzes-Textes hat sich das Problem gelöst. Kann der Arbeitgeber innerhalb eines Monates keine bezahlte Freistellung gewähren, hat er die aufgewendete Zeit wie Mehrarbeit zu vergüten, § 37 Abs. 3 S. 3 BetrVG.

5. Schulungs- und Bildungsveranstaltungen gemäß § 37 Abs. 6 BetrVG

5.1 Anspruch des Gremiums

Während seiner Amtszeit hat der Betriebsrat Anspruch auf Teilnahme an erforderlichen Schulungs- und Bildungsveranstaltungen. Inhalt einer solchen Schulungs- und Bildungsveranstaltung können alle Themen sein, bei denen dem Betriebsrat Beteiligungsrechte zustehen.

Dazu gehören Inhalte, die sich mit Fragen der Personalwirtschaft, Lohnfragen, Daten- und Arbeitsschutz, Arbeitszeitfragen usw. beschäftigen, unabhängig davon, ob es sich um Grund- oder Spezialkenntnisse handelt. Dieser Anspruch steht nicht dem einzelnen Betriebsratsmitglied zu. Vielmehr entscheidet der Betriebsrat durch Beschluss, wer zu einer Schulungs- und Bildungsveranstaltung entsandt wird. Bei der Festlegung der zeitlichen Lage hat der Betriebsrat die betrieblichen Notwendigkeiten zu berücksichtigen.

5.2 Erforderlichkeit der Schulungs- und Bildungsveranstaltung

Der Anspruch des Betriebsrates besteht nach § 37 Abs. 6 BetrVG nur für die Teilnahme an erforderlichen Schulungs- und Bildungsveranstaltungen. Erforderlichkeit ist gegeben, wenn die vermittelten Kenntnisse unter Berücksichtigung der konkreten betrieblichen Situation im Betrieb und Betriebsrat notwendig sind, damit die Betriebsratsmitglieder ihre derzeitigen oder in Zukunft anstehenden Aufgaben sach- und fachgerecht erledigen können. Es muss somit ein aktueller betriebsbezogener Anlass gegeben sein, der die Vermittlung von Kenntnissen über bestimmte Aufgaben des Betriebsrates notwendig macht. Außerdem dürfen nur solche Betriebsratsmitglieder an der Schulung teilnehmen, die auch schulungsbedürftig sind, das vermittelte Wissen also noch nicht haben.

5.3 Kostentragungspflicht des Arbeitgebers

Aus § 40 BetrVG folgt, dass der Arbeitgeber die Kosten für erforderliche Betriebsratsschulungen zu tragen hat. Die Kostentragungspflicht des Arbeitgebers umfasst:

- die Kosten des Seminars,
- Reisekosten,
- Verpflegungsmehraufwand,
- Hotelunterbringung und
- die Entgeltfortzahlung des Betriebsratsmitglieds für die Zeit während der Teilnahme an der Schulung. Dieser Anspruch folgt aus § 37 Abs. 2 BetrVG bzw. bei Seminaren außerhalb der persönlichen Arbeitszeit aus § 37 Abs. 3 BetrVG.

Dabei unterliegt § 40 BetrVG dem Grundsatz der Verhältnismäßigkeit. Das bedeutet, dass der Betriebsrat sich bei mehreren gleichen Schulungsangeboten für die kostengünstigere Variante entscheiden muss. Wegen der hohen Kosten, die mit der Teilnahme an solchen Schulungs- und Bildungsveranstaltungen verbunden sind, entsteht häufig Streit zwischen Arbeitgeber und Betriebsrat, ob es sich tatsächlich um eine erforderliche Veranstaltung handelt.

Beispiel: Die S-GmbH & Co. KG beschäftigt 3000 Arbeitnehmer. Es besteht ein 21-köpfiger Betriebsrat, Vorsitzender ist der W. In seiner ordentlichen Sitzung vom 11.10. beschloss der Betriebsrat, den W auf die Schulung „Rhetorik für Betriebsratsvorsitzende" zu entsenden. Durch die Teilnahme an dieser Schulung soll erreicht werden, dass W sich künftig gegenüber der Geschäftsleitung verbal besser durchsetzen kann. Die Kosten für das viertägige Seminar betragen 4.000,00 €. Die S-GmbH möchte wissen, ob sie W die Kosten für die Teilnahme an dem Seminar erstatten muss.

Lösung: Anspruch des W gegen die S-GmbH auf Erstattung der Kosten für die Teilnahme an dem Seminar in Höhe von 4.000,00 €?

Der W könnte gegen die S-GmbH einen Anspruch auf Erstattung der Kosten für die Teilnahme an dem Rhetorik-Seminar in Höhe von insgesamt 4.000,00 gemäß § 40 BetrVG haben.

1. Kostentragungspflicht des Arbeitgebers für Seminarkosten
Früher war umstritten, ob zu den erstattungsfähigen Kosten i.S.d. § 40 BetrVG auch solche für Schulungs- und Bildungsveranstaltungen gehören. § 37 Abs. 6 BetrVG verpflichtet dem Wortlaut nach den Arbeitgeber nur zur Fortzahlung der Vergütung während der Teilnahme an einer Schulungs- und Bildungsveranstaltung. Das BAG geht aber in seiner ständigen Rechtsprechung davon aus, dass auch die betriebsbezogene, erforderliche Schulung zur Tätigkeit des Betriebsrates gehört. Daher sind die anfallenden Kosten für Fahrt, Übernachtung, Verpflegung sowie die Schulungskosten selbst von dem Arbeitgeber zu tragen.

2. Verhältnismäßigkeit der Schulungs- und Bildungsveranstaltung
Der Kostenerstattungsanspruch gemäß § 40 Abs. 1 BetrVG unterliegt dem Grundsatz der Verhältnismäßigkeit. Folglich sollen die Betriebsratsmitglieder die Kostenlast für den Betrieb möglichst gering halten. Außerdem sind die Kosten für die Schulungsveranstaltung nur dann zu erstatten, wenn die Schulung für die Betriebsratstätigkeit tatsächlich erforderlich ist. Das setzt voraus, dass die vermittelten Kenntnisse und Fähigkeiten unter Berücksichtigung der konkreten betrieblichen Situation

im Betrieb und im Betriebsrat benötigt werden, damit die Betriebsratsmitglieder ihre jetzt oder demnächst anstehenden Aufgaben sachgerecht erledigen können. Dafür reicht es nicht aus, wenn die vermittelten Kenntnisse für den Betriebsrat nur nützlich oder förderlich sind. Bei der Schulungsveranstaltung, die der W besuchen möchte, handelt es sich um ein Rhetorik Seminar. Ein konkreter Bezug zwischen den durch die Schulung vermittelten Kenntnisse und der Betriebsratstätigkeit des W ist nicht ersichtlich. Die Veranstaltung ist für den W zwar möglicherweise nützlich, eine Erforderlichkeit ist aber nicht erkennbar. Außerdem ist nicht davon auszugehen, dass der W als Vorsitzender eines 21-köpfigen Betriebsrates nicht über die erforderlichen Mindestfähigkeiten verfügt, um sein Amt auszuüben.

3. Ergebnis: Das Betriebsratsseminar ist nicht erforderlich. Die S-GmbH ist nicht verpflichtet, dem W die Kosten der Betriebsratsschulung gemäß § 40 Abs. 1 BetrVG zu ersetzen.

6. Bildungsurlaub, § 37 Abs. 7 BetrVG

Neben dem Anspruch auf Teilnahme an erforderlichen Schulungs- und Bildungsveranstaltungen hat jedes Mitglied des Betriebsrates daneben auch Anspruch auf bezahlten Bildungsurlaub. Dieser beträgt drei Wochen, bei erstmalig gewählten Betriebsräten vier Wochen pro Amtszeit. Eine Erforderlichkeit der Fortbildung wird hier nicht verlangt. § 37 Abs. 7 lässt es bereits ausreichen, wenn die oberste Arbeitsbehörde des Landes die Veranstaltung als für geeignet anerkannt hat. Allerdings besteht deswegen auch kein Anspruch auf Erstattung der Kosten der Schulung selbst. Diese muss das Betriebratsmitglied selbst tragen. Der Arbeitgeber schuldet während der Teilnahme an dem Bildungsurlaub lediglich den Lohn.

7. Kosten und Sachaufwand des Betriebsrates, § 40 BetrVG

Der Arbeitgeber ist gemäß § 40 Abs. 2 BetrVG auch verpflichtet, die durch die Tätigkeit des Betriebsrates entstehenden Kosten zu tragen. Allerdings umfasst die Kostentragungspflicht des Arbeitgebers nur denjenigen Aufwand, der auch erforderlich ist, den der Betriebsrat also zur sachgerechten Erledigung seiner Aufgaben benötigt. Die Frage, wann eine Erforderlichkeit anzunehmen ist, bleibt dabei eine Frage des Einzelfalls. Das bedeutet, dass der Umfang und die Art der Mittel, mit denen der Betriebsrat auszustatten ist, stets nach den betrieblichen Gegebenheiten, insbesondere nach dem Umfang der Betriebsratstätigkeit zu beurteilen ist.

Beispiel: Der Betriebsrat der S-GmbH fasste am 12.10.2012 unter dem Vorsitz des W folgenden, formell ordnungsgemäßen Beschluss:

„Der Betriebsrat beschließt, im Rahmen des § 40 Abs. 2 BetrVG, die Anschaffung folgender Literatur:

- Fitting/Kaiser/Heither/Engels: Kommentar BetrVG
- Frankfurter Allgemeine Zeitung (FAZ) im Abonnement."

Die S-GmbH weigert sich, die Kosten für diese Anschaffungen zu übernehmen und fragt bei Rechtsanwalt W an, ob sie zur Kostentragung verpflichtet ist.

Lösung: Anspruch des Betriebsrates gegen die S-GmbH auf Übernahme der Kosten gemäß § 40 Abs. 2 BetrVG?

Die S-GmbH ist verpflichtet, die Kosten für den Kommentar zum BetrVG und für die FAZ zu erstatten, wenn es sich hierbei um erforderliche sachliche Mittel für die Betriebsratstätigkeit handelt.

1. Erstattungspflicht für den Kommentar zum BetrVG
Der Betriebsrat kann seine Aufgaben nur dann sachgerecht erledigen, wenn er die ihm durch das Gesetz zugewiesenen Handlungsspielräume kennt und die sich daraus ergebenden Probleme sachgerecht lösen kann. Um diesem Informationsbedürfnis Rechnung zu tragen, hat der Arbeitgeber dem Betriebsrat die jeweils auf dem aktuellen Stand befindlichen Gesetze und Kommentare zur Verfügung zu stellen. Dabei hat der Betriebsrat nicht nur Anspruch auf die jeweils neueste Auflage, er kann auch wählen, ob er an dem bisherigen Werk festhalten will oder künftig mit einem anderen Kommentar arbeiten möchte.

2. Zwischen-Ergebnis:
Die S-GmbH ist verpflichtet, dem Betriebsrat den Kommentar Fitting/Kaiser/Heither /Engels zur Verfügung zu stellen

3. Erstattungspflicht für die FAZ
Der Betriebsrat kann nicht verlangen, dass ihm die S-GmbH auch die FAZ zur Verfügung stellt. Ein konkreter Bezug zur Betriebsratstätigkeit liegt bei einer allgemeinen Tageszeitung nicht vor. Die Zeitung ist nicht erforderlich i.S. von § 40 Abs. 1 BetrVG.

4. Ergebnis: Die S-GmbH ist nicht verpflichtet, die Kosten für ein Abonnement der Frankfurter Allgemeine Zeitung zu erstatten. Der Betriebsrat kann aber verlangen, dass die S-GmbH den Kommentar Fitting/Kaiser/ Heither/ Engels zur Verfügung stellt.

8. Tätigkeits- und Entgeltschutz, § 37 Abs. 4. Abs. 5 BetrVG

8.1 Entgeltschutz, § 37 Abs. 4 BetrVG

Zur Vermeidung von finanziellen Nachteilen der Betriebsratsmitglieder durch die Wahrnehmung ihres Amtes sieht § 37 Abs. 4 BetrVG vor, dass das Arbeitsentgelt in derselben Höhe zu zahlen ist, wie das vergleichbarer Arbeitnehmer mit berufsüblicher betrieblicher Entwicklung. Als vergleichbare Arbeitnehmer gelten diejenigen, die im Wesentlichen die gleiche Tätigkeit sowie eine vergleichbare Persönlichkeit, Qualifikation und Leistung erbringen, wie das Betriebsratsmitglied zum Zeitpunkt der Mandatsübernahme.

8.2 Tätigkeitsschutz, § 37 Abs. 5 BetrVG

Damit das Betriebsratsmitglied auch in beruflicher Hinsicht durch die Wahrnehmung der Betriebsratstätigkeit keinerlei Nachteile erleidet, schreibt § 37 Abs. 5 BetrVG vor, dass die Arbeitnehmervertreter innerhalb eines Zeitraums von einem Jahr nach Beendigung ihrer Amtszeit nur mit Tätigkeiten beschäftigt werden dürfen, die denen vergleichbarer Arbeitnehmer mit berufsüblicher Entwicklung entsprechen. Als vergleichbare Arbeitnehmer werden hier dieselben Personen herangezogen wie nach § 37 Abs. 4 BetrVG. Allerdings erlaubt § 37 Abs. 5 BetrVG, bei zwingenden betrieblichen Notwendigkeiten von diesem Tätigkeitsschutz abzuweichen und damit das Betriebsratsmitglied auch mit anderen Aufgaben zu beauftragen.

9. Vollständige Freistellung von Betriebsratsmitgliedern, § 38 BetrVG

9.1 Bestimmung in geheimer Wahl

Werden mindestens 200 Arbeitnehmer regelmäßig beschäftigt, sieht § 38 BetrVG vor, dass die Betriebsratsmitglieder vollständig von ihrer Arbeitsleistung befreit werden und sich somit ausschließlich mit Betriebsratsarbeit beschäftigen. Die Auswahl der freizustellenden Betriebsratsmitglieder trifft allein der Betriebsrat. Er bestimmt gemäß § 38 Abs. 2 BetrVG in geheimer Wahl aus seiner Mitte heraus, welche Betriebsratsmitglieder freigestellt werden sollen. Dem Arbeitgeber sind die Namen der freigestellten Mitglieder gemäß § 38 Abs. 2 S. 3 bekannt zu machen.

Der Arbeitgeber hat die Möglichkeit, gegen die Auswahl der freizustellenden Betriebsratsmitglieder Einwände zu erheben, wenn er eine Freistellung für sachlich nicht vertretbar hält, § 38 Abs. 2 S. 4 BetrVG. Das kann zum Beispiel dann der Fall sein, wenn der Arbeitgeber dieses Betriebsratsmitglied wegen besonderer Kenntnisse oder Fähigkeiten unbedingt an seinem Arbeitsplatz benötigt. Daher kann der Arbeitgeber innerhalb von zwei Wochen nach der Bekanntgabe der Entscheidung durch den Betriebsrat die Einigungsstelle anrufen. Beantragt der Arbeitgeber nicht die Entscheidung durch die Einigungsstelle, gilt sein Einverständnis nach Ablauf von zwei Wochen seit Bekanntgabe der Entscheidung über die Freistellungen durch den Betriebsrat als erteilt, § 38 Abs. 2 S. 7 BetrVG.

Die Freistellung ist auch für das betreffende Betriebsratsmitglied ein erheblicher Einschnitt in seine berufliche Entwicklung. Für regelmäßig vier Jahre wird es aus seinem Arbeitsumfeld herausgenommen und damit der Gefahr ausgesetzt, technische Neuerungen zu verpassen oder auch wichtige Kontakte, z.B. zu Kunden zu verlieren. Um die Freistellung von Betriebsratsmitgliedern zu erleichtern, sieht § 38 Abs. 1 S. 2 BetrVG die Möglichkeit der Teilfreistellung vor. Somit können sich zwei Betriebsratsmitglieder eine Freistellung teilen, solange damit nicht der Umfang der Freistellung gemäß § 38 Abs. 1 S. 1 und S. 2 überschritten wird.

9.2 Bildungsschutz, § 38 Abs. 4 BetrVG

Für die freigestellten Betriebsratsmitglieder gelten ebenfalls der Tätigkeits- und Entgeltschutz gemäß § 37 Abs. 4 bzw. Abs. 5 BetrVG. Bei Betriebsratsmitgliedern, die mindestens drei aufeinander folgende Amtszeiten freigestellt waren, verlängert sich der Zeitraum für § 37 Abs. 4 und Abs. 5 BetrVG auf zwei Jahre nach Ablauf der Amtszeit, § 38 Abs. 3 BetrVG. Daneben soll aber auch verhindert werden, dass die freigestellten Betriebsratsmitglieder nach Beendigung ihrer Amtszeit nicht mehr ins Berufsleben zurückkehren können. Daher verbietet § 38 Abs. 4 BetrVG, die freigestellten Betriebsratsmitglieder bei inner- und außerbetrieblichen Bildungsmaßnahmen von der Teilnahme auszuschließen. Außerdem muss im Rahmen der Möglichkeiten des Betriebes die Gelegenheit gegeben werden, die während der Freistellung unterbliebene, berufsübliche Entwicklung innerhalb eines Jahres nach Beendigung der Freistellung nachzuholen.

War das Betriebsratsmitglied mindestens in drei aufeinander folgenden Amtszeiten freigestellt, erhöht sich dieser Zeitraum auf zwei Jahre.

10. Neutralität des Betriebsrates, § 74 Abs. 2 BetrVG

§ 74 Abs. 2 S. 1 BetrVG verpflichtet den Betriebsrat zur Neutralität im Arbeitskampf. Daher ist es den Mitgliedern des Betriebsrates untersagt, Arbeitnehmer zum Streik aufzurufen oder auf das Streikgeschehen Einfluss auszuüben. Die bloße Streikteilnahme ist aber nicht verboten. Auch eine parteipolitische Betätigung ist untersagt. Damit soll vermieden werden, dass die Betriebsratsmitglieder die freie Meinungsbildung der Arbeitnehmer in den Betrieben beeinträchtigen.

11. Benachteiligungs- und Begünstigungsverbot, § 78 S. 2 BetrVG

§ 78 S. 2 BetrVG verbietet jede Benachteiligung oder Begünstigung der Betriebsratsmitglieder, auch hinsichtlich ihrer beruflichen Entwicklung. Adressat dieser Vorschrift ist der Arbeitgeber. Das Benachteiligungs- und Begünstigungsverbot sichert die Unabhängigkeit der Betriebsratsmitglieder und soll vermeiden, dass diese andere Interessen verfolgen als die des Betriebes und der Belegschaft. Allerdings kann auch § 78 S. 2 BetrVG ausschließen, dass die Betriebsratsmitglieder durch ihr Amt Einbußen erleiden.

Beispiel: S ist Serviererin und Mitglied des im Betrieb gewählten Betriebsrates. Ihr Einkommen beträgt laut geltendem Tarifvertrag 1.800,00 € pro Monat. S ist der Auffassung, ihr Arbeitgeber sei verpflichtet, auch die durchschnittlich gezahlten Trinkgelder in Höhe von 30,00 € zu erstatten. Schließlich habe sie nur dann die Möglichkeit, Trinkgelder zu verdienen, wenn sie als Serviererin arbeite. Bei Wahrnehmung erforderlicher Betriebsratstätigkeit entgingen ihr Trinkgelder. Bereits aus dem Benachteiligungsverbot folge, dass diese dann von dem Arbeitgeber zu ersetzen seien. Kann S die Erstattung der Trinkgelder von ihrem Arbeitgeber verlangen?

Lösung

I. Anspruch der S gegen ihren Arbeitgeber auf Erstattung der Trinkgelder gemäß § 37 Abs. 2 BetrVG i.V.m. Arbeitsvertrag.

S könnte gegen ihren Arbeitgeber einen Anspruch auf Erstattung der Trinkgelder in Höhe von 30,00 € pro Tag gemäß § 37 Abs. 2 i.V.m. Arbeitsvertrag haben.

1. Umfang der Lohnfortzahlung

§ 37 Abs. 2 BetrVG verpflichtet den Arbeitgeber, den Mitgliedern des Betriebsrates bei Wahrnehmung erforderlicher Betriebsratstätigkeit genau den Lohn zu bezahlen, den er hätte bezahlen müssen, wenn die Betriebsratsmitglieder ihre reguläre Arbeit erbracht hätten. Der fortzuzahlende Lohn umfasst alle Leistungen, die der Arbeitgeber als Gegenleistung für die Arbeit schuldet. Folglich müsste der Arbeitgeber der S auch die Trinkgelder schulden. Gemäß § 107 Abs. 3 S. 2 GewO sind Trinkgelder aber Geldbeträge, die ein Dritter ohne rechtliche Verpflichtung dem Arbeitnehmer zusätzlich zu einer dem Arbeitgeber geschuldeten Leistung zahlt. Folglich schuldet der Arbeitgeber nicht die Zahlung der Trinkgelder. Vielmehr handelt es sich um die freiwillige Leistung Dritter. Wenn aber der Arbeitgeber nicht die Trinkgelder schuldet, handelt es sich auch nicht um fortzuzahlende Vergütung gemäß § 37 Abs. 2 BetrVG.

2. Zwischenergebnis

S hat keinen Anspruch gemäß § 37 Abs. 2 BetrVG auf Erstattung der Trinkgelder.

II. Anspruch der S gegen ihren Arbeitgeber auf Erstattung der Trinkgelder in Höhe von 30,00 € pro Tag gemäß § 78 S. 2 BetrVG.

S könnte gegen ihren Arbeitgeber einen Anspruch auf Erstattung der Trinkgelder in Höhe von 30,00 € pro Tag aus dem allgemeinen Benachteiligungsverbot gemäß § 78 S. 2 BetrVG haben.

1. Benachteiligung durch den Arbeitgeber

§ 78 S. 2 BetrVG untersagt dem Arbeitgeber jede Benachteiligung der Betriebsratsmitglieder. Diese Vorschrift verbietet es dem Arbeitgeber, Mitglieder des Betriebsrates wegen ihres Amtes schlechter zu stellen. Der Verlust der Trinkgelder für Zeiten des Betriebsratesamtes ist aber keine Schlechterstellung durch den Arbeitgeber. Vielmehr ist er die Folge der Wahrnehmung eines freiwilligen und unentgeltlichen Ehrenamtes. § 78 S. 2 BetrVG verpflichtet den Arbeitgeber auch nicht dazu, jeden denkbaren Vermögensnachteil für Betriebsratsmitglieder auszugleichen. S wird folglich nicht benachteiligt. Sie kann von ihrem Arbeitgeber auch nicht gemäß § 78 S. 2 BetrVG die Erstattung der Trinkgelder verlangen.

2. Gesamtergebnis: S hat keinen Anspruch gegen ihren Arbeitgeber auf Erstattung der Trinkgelder.

12. Verschwiegenheitspflichten, § 79 BetrVG

Die Mitglieder des Betriebsrates erhalten durch die Ausübung ihres Amtes Kenntnis in eine Vielzahl von Geschäfts- oder Betriebsgeheimnissen. § 79 Abs. 1 BetrVG verpflichtet daher zur Geheimhaltung von Betriebs- und Geschäftsgeheimnissen, die dem Betriebsrat in der Ausübung des Amtes bekannt gemacht worden sind und die der Arbeitgeber ausdrücklich als geheimhaltungsbedürftig bezeichnet hat. Untersagt sind sowohl die Weitergabe an Dritte, wie auch die Verwertung. Allerdings verbietet es § 79 BetrVG nicht, dass die Betriebsratsmitglieder sich untereinander über geheimhaltungsbedürftiges Wissen unterhalten und dieses z.B. im Rahmen ihrer Sitzungen diskutieren. Bei Verletzung der Geheimhaltungspflicht droht gemäß § 120 BetrVG eine Freiheitsstrafe bis zu einem Jahr oder eine Geldstrafe.

Auch die persönlichen Verhältnisse und Angelegenheiten der Arbeitnehmer, von denen der Betriebsrat in Ausübung seines Amtes erfährt, unterliegen der Geheimhaltung, vgl. § 99 Abs. 1 S. 3 BetrVG. Auch hier sieht § 120 Abs. 2 BetrVG Freiheits- oder Geldstrafe vor.

13. Folgen von Amtspflichtverletzungen

13.1 Verletzung betriebsverfassungsrechtlicher Pflichten, § 23 Abs. 1 BetrVG

Verletzt ein Betriebsratsmitglied seine betriebsverfassungsrechten Pflichten in grober Weise, kann von einem Viertel der wahlberechtigten Arbeitnehmer, dem Arbeitgeber, der Gewerkschaft oder dem Betriebsrat ein Antrag auf Amtsenthebung vor dem Arbeitsgericht gestellt werden.

13.2 Abmahnung

Stellt sich das Verhalten des Betriebsratsmitgliedes als Verletzung seiner arbeitsvertraglichen Pflichten dar, kann der Arbeitgeber abmahnen oder auch kündigen. Unzulässig sind aber Abmahnung und Kündigung wegen einer reinen Verletzung der Amtspflichten. Anderenfalls wäre das Betriebsratsmitglied häufiger der Gefahr von Abmahnung und Kündigung ausgesetzt, als die übrigen Arbeitnehmer.

VIII. Grundsätze der Zusammenarbeit zwischen Arbeitgeber und Betriebsrat, §§ 74 Abs. 1, 2 Abs. 1 BetrVG

§ 2 Abs. 1 BetrVG verpflichtet Arbeitgeber und Betriebsrat zur vertrauensvollen Zusammenarbeit im Zusammenwirken mit den im Betrieb vertretenen Gewerkschaften zum Wohl der Arbeitnehmer und des Betriebes. Gemäß § 74 Abs. 1 BetrVG sollen sich Betriebsrat und Arbeitgeber mindestens einmal im Monat zum sogenannten „Monatsgespräch“ zusammenzusetzen. Dabei haben sie über strittige Fragen mit dem ernsten Willen zur Einigung zu verhandeln.

IX. Mitbestimmungsrechte des Betriebsrates

1. Hierarchie der Mitbestimmungsrechte

Die Mitbestimmungsrechte des Betriebsrates sind unterschiedlich stark ausgeprägt. Man kann wie folgt unterscheiden:

- echte Mitbestimmung
- Zustimmungsrechte
- Widerspruch
- Unterrichtung, Information, Beratung, Anhörung.

1.1 Echte Mitbestimmung

Echte Mitbestimmungsrechte sind erzwingbar und damit die stärksten Mitbestimmungsrechte des Betriebsrates überhaupt. Sie sind dadurch gekennzeichnet, dass Betriebsrat und Arbeitgeber absolut gleichberechtigte Verhandlungspartner sind. Ohne die Beteiligung des Betriebsrates kann der Arbeitgeber keine Regelung in Angelegenheiten der echten Mitbestimmung wirksam durchführen. Kommt eine Einigung zwischen Arbeitgeber und Betriebsrat nicht zustand, entscheidet stets die Einigungsstelle. Eine Ersetzung dieser Einigung durch das Arbeitsgericht ist ausgeschlossen. Damit ist die echte Mitbestimmung die umfassendste Einschränkung des Arbeitgebers bei der Ausübung seines Direktionsrechts. Beispiele für echte Mitbestimmung sind §§ 87 Abs. 1, 39, 112 Abs. 2, 98 Abs. 1, Abs. 3 BetrVG. Dabei enthält § 87 Abs. 1 BetrVG das „Herzstück" betrieblicher Mitbestimmung mit den umfassendsten Einflussnahmemöglichkeiten des Betriebsrates. Hier kann der Arbeitgeber praktisch nichts mehr ohne entsprechende Vereinbarung mit seinem Betriebsrat regeln.

1.2 Zustimmungsrechte

Zustimmungsrechte (§ 99 Abs. 2, 103 Abs. 1 BetrVG) sind bereits deutlich schwächer als die echten Mitbestimmungsrechte. Zwar darf der Arbeitgeber auch bei diesen Beteiligungsrechten keine Maßnahme ohne Zustimmung des Betriebsrates durchführen, diese ist aber durch das Arbeitsgericht ersetzbar, vgl. §§ 99 Abs. 4, 102 Abs. 2 BetrVG.

1.3 Widerspruchsrechte

Widerspruchsrechte geben dem Betriebsrat zwar die Möglichkeit der Stellungnahme, können aber die Durchführung der Maßnahme durch den Arbeitgeber nicht verhindern. Beispielhaft ist § 102 Abs. 3 BetrVG. Danach hat der Betriebsrat zwar die Möglichkeit, der ordentlichen Kündigung eines Arbeitnehmers zu widersprechen, der Arbeitgeber kann aber dennoch kündigen. Auch für die Frage der Wirksamkeit der Kündigung hat der Widerspruch keine Bedeutung. Eine Kündigung kann also auch dann zur Beendigung des Arbeitsverhältnisses führen, wenn der Betriebsrat aus einem oder mehreren Gründen des § 102 Abs. 3 Nr. 1 bis 5 BetrVG widersprochen hat.

1.4 Unterrichtungs-, Informations-, Beratungs- und Anhörungsrechte

Dies sind die schwächsten Mitbestimmungsrechte. Der Betriebsrat kann nur verlangen, von dem Arbeitgeber ausreichend informiert zu werden. Bei Anhörungs- und Beratungsrechten muss der Arbeitgeber darüber hinaus dem Betriebsrat auch die Möglichkeit geben, Bedenken zu äußern. Auf die Umsetzung der Maßnahme durch den Arbeitgeber hat der Betriebsrat keinen Einfluss. Beispiele für diese Mitbestimmungsrechte sind §§ 96 Abs. 1, 97 Abs. 1, 99 Abs. 1, 102 Abs. 1, 111 S. 1 BetrVG.

2. Möglichkeiten der Erweiterung oder Beschränkung der Mitbestimmungsrechte

Das BetrVG enthält die Mindestanforderungen an betriebliche Mitbestimmung. Daher ist eine Beschränkung der Mitbestimmungsrechte ausgeschlossen. Eine Erweiterung ist aber grundsätzlich ohne weiteres Möglich. Überwiegend wird allerdings angenommen, dass eine Erweiterung der Mitbestimmungsrechte in wirtschaftlichen Angelegenheiten, §§ 111 ff BetrVG ausgeschlossen ist.

3. Sanktionen bei Verstoß, § 23 Abs. 3 BetrVG

Verletzt der Arbeitgeber diese Mitbestimmungsrechte des Betriebsrates in grober Weise, kann er auf Antrag des Betriebsrates oder einer im Betrieb vertretenen Gewerkschaft durch das Arbeitsgericht dazu verpflichtet werden, eine Handlung vorzunehmen, zu dulden oder zu unterlassen.

Nach dieser Vorschrift werden leichte und mittlere Verstöße des Arbeitgebers gegen das BetrVG nicht geahndet. Daneben droht gemäß § 119 Abs. 1 BetrVG bei Behinderung oder Begünstigung des Betriebsrates eine Freiheitsstrafe bis zu einem Jahr oder eine Geldstrafe.

4. Instrumente erzwingbarer Mitbestimmung, § 77 BetrVG

4.1 Betriebsvereinbarung

Zur Durchführung erzwingbarer Mitbestimmungsrechte bedarf es eines besonderen Instruments, der Betriebsvereinbarung. Dabei handelt es sich um einen schriftlichen Vertrag zwischen Arbeitgeber und Betriebsrat im Rahmen ihrer Zuständigkeiten und zur Festsetzung von Rechtsnormen über Inhalt, Abschluss und Beendigung von Arbeitsverhältnissen sowie über betriebliche und betriebsverfassungsrechtliche Fragen. Die Umsetzung dieser Vereinbarungen erfolgt grundsätzlich durch den Arbeitgeber, § 77 Abs. 1 S. 1 BetrVG.

4.2 Wirkung von Betriebsvereinbarungen, § 77 Abs. 4 BetrVG

Betriebsvereinbarungen wirken unmittelbar und zwingend für die Arbeitnehmer, also normativ. Es kommt daher nicht darauf an, ob die Arbeitnehmer die Betriebsvereinbarungen kennen oder mit ihr einverstanden sind. Voraussetzung für die normative Wirkung ist die Einhaltung der Schriftform, § 77 Abs. 2 BetrVG.

4.3 Arten von Betriebsvereinbarungen

Zu unterscheiden ist die erzwingbare von der freiwilligen Betriebsvereinbarung. Freiwillige Betriebsvereinbarungen können in allen Angelegenheiten abgeschlossen werden, in denen die Einigungsstelle die Einigung zwischen Arbeitgeber und Betriebsrat nicht ersetzt. Beispiele enthält § 88 BetrVG. Hinsichtlich des Zustandekommens sind beide sehr ähnlich, allerdings kann die Einigungsstelle bei freiwilligen Betriebsvereinbarungen nur dann entscheiden, wenn dies von Arbeitgeber und Betriebsrat gemeinsam beantragt wird, § 77 Abs. 6 BetrVG. In diesen Fällen ersetzt der Spruch der Einigungsstelle die fehlende Einigung zwischen Arbeitgeber und Betriebsrat nur dann, wenn beide Seiten sich dem Spruch im Voraus unterwerfen oder ihn nachträglich annehmen.

4.4 Zeitliche Geltung von Betriebsvereinbarungen

Jede Betriebsvereinbarung ist mit einer Frist von drei Monaten kündbar. Wird eine erzwingbare Betriebsvereinbarung gekündigt, gelten ihre Regelungen weiter, bis sie durch eine andere Abmachung ersetzt wird, § 77 Abs. 6 BetrVG. Somit hat die Betriebsvereinbarung dieselbe Nachwirkung wie auch der Tarifvertrag, vgl. § 4 Abs. 5 TVG. Freiwillige Betriebsvereinbarungen entfalten nur dann Nachwirkung, wenn dies besonders vereinbart wurde.

4.5 Sperre durch Tarifvertrag, § 77 Abs. 3 BetrVG

4.5.1 Widerspruch zu Bedeutung von § 87 Abs. 1 BetrVG

§ 77 Abs. 3 BetrVG regelt, dass Arbeitsentgelte und sonstige Arbeitsbedingungen, die durch Tarifvertrag geregelt sind oder üblicherweise geregelt werden, nicht Gegenstand einer Betriebsvereinbarung sein können. Die Tarifüblichkeit setzt nicht voraus, dass zum Zeitpunkt des Abschlusses der Betriebsvereinbarung ein Tarifvertrag besteht. Ausreichend ist bereits, dass dieser schon einmal eine entsprechende Regelung enthalten hat und deswegen davon ausgegangen werden kann, dass auch künftige Tarifverträge wieder eine entsprechende Norm enthalten. Daher besteht weitestgehend Einigkeit darüber, dass jedenfalls während der Nachwirkung eines Tarifvertrages eine Tarifüblichkeit gegeben ist. Wenn aber auf der einen Seite bereits eine übliche tarifliche Regelung den Abschluss einer Betriebsvereinbarung verbietet, stellt sich die Frage, wie andererseits § 87 Abs. 1 BetrVG das „Herzstück“ betrieblicher Mitbestimmung sein kann. Schließlich werden alle Tatbestände des § 87 Abs. 1 Nr. 1 bis Nr. 13 BetrVG durch Betriebsvereinbarung umgesetzt. Über das Verhältnis von § 77 Abs. 3 BetrVG zu § 87 Abs. 1 BetrVG herrscht seither ein heftiger Meinungsstreit zwischen Literatur und Rechtsprechung:

4.5.2 Auffassung der Literatur: Zwei-Sachranken-Theorie

Die wohl überwiegende Meinung in der Literatur folgt der Auffassung, dass § 77 Abs. 3 BetrVG für alle Betriebsvereinbarungen, auch für solche im Bereich des § 87 Abs. 1 BetrVG Anwendung findet.

Damit unterliegt auch eine Betriebsvereinbarung gemäß § 87 Abs. 1 BetrVG der Tarifüblichkeit. Zwar enthält § 87 Abs. 1 BetrVG in seinem Eingangssatz eine eigene Schranke „soweit eine gesetzliche oder tarifliche Regelung nicht besteht", diese sei aber neben § 77 Abs. 3 BetrVG anwendbar. Habe der Gesetzgeber einen Vorrang dieser Regelung vor § 77 Abs. 3 BetrVG gewollt, hätte er dies wie z.B. auch bei § 112 Abs. 1 S. 4 BetrVG zum Ausdruck gebracht. Damit kann der Betriebsrat nach dieser Auffassung nur dann in Angelegenheiten des § 87 Abs.1 BetrVG mitbestimmen, wenn weder eine gesetzliche, tarifliche, noch eine tarifübliche Regelung besteht.

4.5.3 Auffassung der Rechtsprechung: Vorrangtheorie

Die Rechtsprechung vertritt demgegenüber die Überzeugung, bei dem Eingangssatz des § 87 Abs. 1 BetrVG handele es sich um eine eigene Schranke. Diese sei in allen Angelegenheiten des § 87 Abs. 1 Nr. 1 bis 13 BetrVG die speziellere Regelung gegenüber § 77 Abs. 3 BetrVG. Somit entfalle die Regelungsbefugnis des Betriebsrates nur dann, wenn der Arbeitgeber an einen Tarifvertrag gebunden ist, der unmittelbare und zwingende Wirkung entfalte. Es sei aber nicht erforderlich, dass auch nur ein Arbeitnehmer des Betriebes tarifgebunden ist. Begründet wird diese Argumentation mit dem Schutz der Tarifautonomie. Haben die Tarifparteien eine Regelung getroffen, an die der Arbeitgeber auch gebunden ist, können die Arbeitnehmer durch Gewerkschaftsbeitritt die unmittelbare und zwingende Wirkung dieses Tarifvertrages für ihr Arbeitsverhältnis herbeizuführen. Außerdem sollen die Betriebsräte bei Tarifbindung des Arbeitgebers nicht zu den Gewerkschaften in Konkurrenz treten und eigene evtl. sogar günstigere kollektive Arbeitsbedingungen mit dem Arbeitgeber vereinbaren. Nach dieser Auffassung können also Betriebsratsmitglieder in tariflosen Betrieben wie auch im Falle der Nachwirkung des Tarifvertrages Betriebsvereinbarungen im Bereich des § 87 Abs. 1 BetrVG abschließen.

Bei *freiwilligen* Betriebsvereinbarungen folgt auch die Rechtsprechung der Zwei-Schranken-Theorie, so dass diese nur dann in Betracht kommen, wenn keine nur übliche Regelung besteht.

Die Auffassung der Rechtsprechung überzeugt. Ist der Arbeitgeber nicht tarifgebunden, sind die Arbeitnehmer durch keine kollektive Regelung geschützt. Auch durch Gewerkschaftsbeitritt könne sie sich so lange keine tariflichen Mindestarbeitsbedingungen sichern, wie der Arbeitgeber durch Haustarifvertrag oder Verbandsbeitritt keine Tarifbindung eingeht. Hier muss jedenfalls durch Betriebsvereinbarung die Möglichkeit bestehen, die wesentlichen Arbeitsbedingungen kollektiv zu regeln. Eine Anwendung von § 77 Abs. 3 BetrVG neben § 87 Abs.1 BetrVG würde dieser Schutzbedürftigkeit zuwider laufen. Im Übrigen würde die Vorschrift des § 87 Abs. 1 BetrVG, also der Kernbereich betrieblicher Mitbestimmung, nach der Zwei-Schranken-Theorie leer laufen.

5. Regelungsabrede

Als Regelungsabrede werden formlose Vereinbarungen zwischen Arbeitgeber und Betriebsrat bezeichnet. Sie entfalten keinerlei normative Wirkung. Wegen der fehlenden normativen Wirkung unterliegt die Regelungsabrede nicht dem Vorrang des Tarifvertrages.

X. Gesetzlicher Aufgabenkreis des Betriebsrates

1. Allgemeiner Aufgabenkreis, § 80 BetrVG

§ 80 Abs. 1 Nr. 1 bis 9 BetrVG legt den allgemeinen Aufgabenkreis des Betriebsrates fest. Zur Durchführung aller seiner Aufgaben ist der Betriebsrat von dem Arbeitgeber umfassend zu unterrichten, § 80 Abs. 2 BetrVG. Außerdem hat der Arbeitgeber dem Betriebsrat die zur Wahrnehmung seiner gesetzlichen Aufgaben erforderlichen Unterlagen auf Verlangen zur Verfügung zu stellen, § 80 Abs. 2 S. 2 BetrVG. Soweit dies vereinbart wurde und zur ordnungsgemäßen Erledigung seiner Aufgaben erforderlich, kann der Betriebsrat außerdem Sachverständige hinzuziehen, § 80 Abs. 3 BetrVG.

2. Mitwirkungs- und Beschwerderechte des Arbeitnehmers, §§ 81 ff

Die Vorschriften der §§ 81 bis 86a gelten auch in betriebsratslosen Betrieben. Nach diesen Vorschriften hat der Arbeitgeber die Arbeitnehmer über ihren Aufgabenkreis, Arbeitsablauf sowie über Gesundheits- und Unfallgefahren zu unterrichten, § 80 Abs. 1 BetrVG. Außerdem haben die Arbeitnehmer das Recht, zu Maßnahmen des Arbeitgebers, die sie betreffen, Stellung zu nehmen, § 81 Abs. 1 BetrVG. § 83 erlaubt jedem Arbeitnehmer, sich

Einsicht in seine Personalakte zu verschaffen und hierfür ein Mitglied des Betriebsrates hinzuzuziehen.

Auf diese Weise erhält der Arbeitnehmer Kenntnis von den über ihn angefertigten Beurteilungen und kann sich Gewissheit darüber verschaffen, dass keine falschen oder veralteten Abmahnungen in der Personalakte geführt werden.

Die §§ 84 und 85 BetrVG verleihen jedem Arbeitnehmer das Recht, sich bei den zuständigen betrieblichen Stellen zu beschweren, wenn er sich benachteiligt oder in sonstiger Weise beeinträchtigt fühlt. Der Betriebsrat soll bei dem Arbeitgeber auf Abhilfe hinwirken, § 85 Abs. 1 BetrVG. Außerdem haben alle Arbeitnehmer gemäß § 86a BetrVG das Recht, dem Betriebsrat Themen zur Beratung vorzuschlagen. Wird ein Vorschlag von mindestens 5% der (wahlberechtigten) Arbeitnehmer unterstützt, hat der Betriebsrat diesen innerhalb von zwei Monaten auf die Tagesordnung zu setzen.

XI. Mitbestimmung des Betriebsrates in sozialen Angelegenheiten, § 87 Abs. 1 BetrVG

1. Initiativrecht

Es besteht weitestgehend Einigkeit, dass § 87 Abs. 1 BetrVG nicht nur das Recht des Betriebsrates vorsieht, den Maßnahmen des Arbeitgebers zuzustimmen. Daneben hat der Betriebsrat auch ein weitgehendes Initiativrecht. Somit ist der Betriebsrat grundsätzlich in der Lage, Regelungen in den Angelegenheiten der § 87 Abs. 1 Nr. 1 bis 13 BetrVG einseitig vom Arbeitgeber zu verlangen und im Falle seiner Weigerung durch die Einigungsstelle zu erzwingen. Abgelehnt wird dieses Initiativrecht bei § 87 Abs. 1 Nr. 6, 8 und 9 BetrVG.

2. Unterlassungsanspruch

Der Unterlassungsanspruch des § 23 Abs. 3 BetrVG greift nur bei groben Verstößen des Arbeitgebers gegen das BetrVG und wird damit der Bedeutung des Mitbestimmungsrechts des § 87 Abs. 1 BetrVG nicht gerecht. Daher hat die Rechtsprechung neben § 23 Abs. 3 BetrVG einen allgemeinen Unterlassungsanspruch anerkannt. Dieser folgt aus §§ 1004 Abs. 1, 823 Abs. 2 BGB i.V.m. § 87 BetrVG und verbietet jede Missachtung des Arbeitgebers bzgl. der sozialen Mitbestimmung, auch dann, wenn sich das Verhalten des Arbeitgebers nicht als grober Verstoß darstellt.

3. Kollektiver Bezug

Voraussetzung für die Mitbestimmung in sozialen Angelegenheiten ist stets ein kollektiver Bezug der entsprechenden Maßnahme. Das bedeutet, dass ein kollektives Regelungsbedürfnis für alle Arbeitnehmer oder Gruppen von ihnen bestehen muss. Einzelfallregelungen sind damit grundsätzlich mitbestimmungsfrei. Allerdings beinhaltet § 87 Abs. 1 BetrVG in Nr. 5 und in Nr. 9 selbst Einzelfallregelungen, die ausdrücklich der Mitbestimmung des Betriebsrates unterliegen.

4. Eilfälle

Auch in Eilfällen muss der Arbeitgeber die Mitbestimmungsrechte des Betriebsrates beachten. Allenfalls in Notfällen, also bei höherer Gewalt, kann die Mitbestimmung des Betriebsrates entfallen, wenn dies zur Abwehr erheblicher Beeinträchtigungen notwendig ist.

5. Auswirkungen der Verletzung der sozialen Mitbestimmungsrechte

Missachtet der Arbeitgeber die Mitbestimmungsrechte des Betriebsrates, folgert die sog. Theorie der Wirksamkeitsvoraussetzung, dass die kollektiv mitbestimmungswidrige Maßnahme auch individualrechtlich unwirksam ist. Das bedeutet z.B., dass ein Arbeitnehmer die mitbestimmungswidrig angeordnete Mehrarbeit, § 87 Abs. 1 Nr. 3 BetrVG ohne weiteres verweigern darf, ohne dafür Sanktionen befürchten zu müssen. Allerdings muss der Arbeitgeber Mehrarbeit, die mitbestimmungswidrig angeordnet und auch geleistet wurde, dennoch vergüten.

6. Einzelne Mitbestimmungspflichtige Maßnahmen

6.1 Mitbestimmung gemäß § 87 Abs. 1 Nr. 1 BetrVG

Nach dieser Vorschrift hat der Betriebsrat mitzubestimmen bei der Regelung von Ordnung und Verhalten der Arbeitnehmer im Betrieb. Dazu gehören: Torkontrollen, Alkohol- und Rauchverbote, Kleidervorschriften, Radio hören am Arbeitsplatz usw.

Beispiel: Betriebsrat und Arbeitgeber trafen am 13. September folgende Vereinbarung:

„Es besteht ein generelles Rauchverbot auf den Geländen sowie in allen Gebäuden der P GmbH Röhren- und Halbleiterwerke.“

In einer “Notiz” vom 22. September wurde erläutert, dass das Rauchverbot auch für Kunden und Fremdfirmenmitarbeiter gilt. Außerdem wurden eine Reihe von Hilfsmaßnahmen zur Raucherentwöhnung angeboten (u.a. Nichtraucher-Kurse, Nikotinpflaster/-kaugummi; Akupunktur). Das Rauchen blieb auf dem Werksgelände, in gesondert gekennzeichneten Bereichen, gestattet. Es wurde zugleich die Errichtung eines Wind- und Regenschutzes vorgesehen in Form zweier überdachter Unterstände mit umlaufenden Glaswänden und Sitzgelegenheiten nach Maßgabe einer Skizze, die Bestandteil der Betriebsvereinbarung ist. Der Arbeitnehmer V ist Mitglied des Betriebsrats und Raucher. Er wendet sich gegen das generelle Rauchverbot und verlangt von dem Arbeitgeber, dass ihm ein Raucherraum zur Verfügung gestellt wird. Der Arbeitgeber hält die Betriebsvereinbarung vom 13. September für wirksam. Ausschlaggebend für diese Vereinbarung seien vier Gründe gewesen:

1. Schutz der Nichtraucher,
2. Sicherung der Produktion,
3. Förderung der Kundenbeziehungen und
4. zu fördern, dass die Raucher das Rauchen aufgeben; dazu gehört auch das Bemühen, Ausfälle durch Krankheit zu verringern, da Raucher in höherem Maße als Nichtraucher krankheitsanfällig seien.

Kann V von seiner Arbeitgeberin einen Raucherraum verlangen?

Lösung: V kann von seiner Arbeitgeberin einen Raucherraum verlangen, wenn die Vereinbarung des betrieblichen Rauchverbots unwirksam war.

1. Schriftform, § 77 Abs. 2 BetrVG

Vereinbarungen zwischen Arbeitgeber und Betriebsrat bedürfen gemäß § 77 Abs. 2 BetrVG der Schriftform.

2. Kein Verstoß gegen den Vorrang des Tarifvertrages, § 87 Abs. 1 Eingangssatz

Ein Verstoß gegen Regelungen des Tarifvertrages ist dem Sachverhalt nicht zu entnehmen.

3. Billigkeitskontrolle

3.1. Zulässigkeit der verfolgten Ziele

Für die Wirksamkeit des betrieblichen Rauchverbots müssten die von den Betriebspartnern verfolgten Ziele zulässig sein. Der Schutz der Produktion, die Förderung der Kundenbeziehungen und insbesondere der Schutz der Nichtraucher ist ein zulässiges Ziel. Soweit die Betriebspartner aber mit dem Rauchverbot erreichen wollten, dass sich alle Arbeitnehmer das Rauchen abgewöhnen, fehlte ihnen dafür schon die notwendige

Regelungsbefugnis. Die Betriebspartner haben kein Recht, in die private Lebensführung der Arbeitnehmer einzugreifen. Darauf liefe aber ein Verbot hinaus, das nur dazu diente, die Raucher zu einer gesünderen Lebensführung anzuhalten. Der damit angestrebte mittelbare Effekt einer geringeren Krankheitsanfälligkeit allein genügt noch nicht für die Annahme einer betrieblich regelbaren Angelegenheit. Ein Zwang zu gesunder Lebensgestaltung wäre im Übrigen unabhängig von der fehlenden Regelungskompetenz der Betriebspartner in der Regel auch als unverhältnismäßig anzusehen. Er griffe über den Bereich der allgemeinen Handlungsfreiheit hinaus intensiv in den engeren Bereich des allgemeinen Persönlichkeitsrechts ein. Vorrang sollte die Vereinbarung dem Schutz der Nichtraucher dienen. Die Unzulässigkeit eines Zieles führt daher nicht dazu, dass das ganze Rauchverbot unwirksam ist.

3.2. Verhältnismäßigkeit des Rauchverbote

3.2.1. Geeignetheit

Durch die Vereinbarung eines betrieblichen Rauchverbotes können die verfolgten Zwecke erreicht werden. Folglich ist das Rauchverbot auch geeignet.

3.2.2. Erforderlichkeit

Das Rauchverbot müsste auch das mildeste Mittel sein, um die angestrebten Ziele zu erreichen. Das Ziel der Maßnahme besteht darin, Nichtraucher auf dem gesamten Betriebsgelände zu schützen. Das kann nur dadurch erreicht werden, dass das Rauchverbot auf sämtliche geschlossenen Räume erstreckt wird. Eine Ausnahme in einzelnen Räumen durch Einrichtung von Raucherzonen wäre kein gleich wirksames Mittel. Es führte vielmehr zu einer Abschwächung des angestrebten umfassenden Nichtraucherschutzes.

3.3. Angemessenheit (Verhältnismäßigkeit i.e.S.)

Das Übermaßverbot ist gewahrt, wenn die Regelung bei einer Gesamtabwägung zwischen der Schwere des Eingriffs und dem Gewicht und der Dringlichkeit der ihn rechtfertigenden Gründe für den Betroffenen noch zumutbar ist. Erforderlich ist dabei eine umfassende Abwägung der betroffenen Belange. Das Ergebnis hängt im vorliegenden Zusammenhang weitgehend von den Gegebenheiten des Betriebes und seiner Belegschaft ab. Den Betriebspartnern steht bei der Bewertung und beim Ausgleich der zu berücksichtigenden betrieblichen Belange und der einander widerstreitenden Interessen ein breiter Gestaltungsspielraum zu. Dieser ist hier nicht überschritten. Die für die Beschränkung des Rauchens angeführten Gründe des Nichtraucherschutzes sind beachtlich. Dies gilt vor allem für den Gesichtspunkt des Gesundheitsschutzes. Wenn auch über die Intensität der gesundheitlichen Gefährdung durch Passivrauchen gestritten werden mag, kann nach dem heutigen medizinischen Kenntnisstand nicht mehr ernsthaft in Abrede gestellt werden, dass eine solche Gefährdung besteht. Diese Gefährdung stellt ein gewichtiges Argument für die präventive Beschränkung des Rauchens in einer betrieblichen Organisation dar, wenn es zu ständigen Kontakten zwischen Rauchern und Nichtrauchern kommen kann. Ausreichend ist, dass dem präventiven Schutz der Nichtraucher bei der gebotenen Interessenabwägung erhebliches Gewicht zukommt und die daraus folgende Schutzpflicht bei einer Regelung der betrieblichen Ordnung von den Betriebspartnern berücksichtigt werden muss. Beachtlich ist darüber hinaus auch die Absicht, Belästigungen von Nichtrauchern zu vermeiden, selbst wenn diese noch nicht als Gesundheitsschädigung wirken sollten. Insoweit ist nämlich auch die allgemeine Handlungsfreiheit der Nichtraucher betroffen, soweit diese gezwungen werden, sich gegen ihren Willen Beeinträchtigungen durch Tabakrauch auszusetzen oder auszuweichen. Es ist ein Gebot des geordneten Zusammenlebens in einer Gemeinschaft, dass nicht jeder seine Neigungen ohne Rücksicht auf andere ausleben kann. Aus diesen Gründen waren Arbeitgeber und Betriebsrat berechtigt, ein Rauchverbot für den Betrieb zu vereinbaren.

4. Ergebnis: Das Rauchverbot ist wirksam. V kann nicht verlangen, dass sein Arbeitgeber ihm einen Raucherraum zur Verfügung stellt.

Nicht mitbestimmungspflichtig ist das sog. Arbeitsverhalten. Verletzungen der Arbeitspflicht kann der Arbeitgeber rügen, ohne dass es einer Beteiligung des Betriebsrates bedarf. Daher ist die Abmahnung mitbestimmungsfrei.

6.2 Mitbestimmung gemäß § 87 Abs. 1 Nr. 2 BetrVG

Der Betriebsrat hat gemäß § 87 Abs. 1 Nr. 2 BetrVG mitzubestimmen bei Beginn und Ende der täglichen Arbeitszeit, der Verteilung der wöchentlichen Arbeitszeit, einschließlich der Lage der Pausen. Hierzu gehört auch die Einführung von Schichtarbeit. Mitbestimmungsfrei ist die Länge der Arbeitszeit.

6.3 Mitbestimmung gemäß § 87 Abs.1 Nr. 3 BetrVG

Bei vorübergehender Verkürzung oder Verlängerung der Arbeitszeit, also bei Überstunden und Kurzarbeit, hat der Betriebsrat ebenfalls mitzubestimmen. Vorübergehend ist die Verkürzung oder Verlängerung der Arbeitszeit dann, wenn sie sich auf einen vorübergehenden Zeitraum erstreckt, der von vornherein begrenzt und überschaubar ist, ohne dass das Ende bei Beginn der Änderung exakt feststehen müsste.

Dauerhafte Verlängerungen der Arbeitszeit sind mitbestimmungsfrei. Sie müssen gegebenenfalls im Wege der Änderungskündigung durchgesetzt werden.

6.4 Mitbestimmung gemäß § 87 Abs. 1 Nr. 4 BetrVG

Nach § 87 Abs.1 Nr. 4 BetrVG besteht ein Mitbestimmungsrecht des Betriebsrats über Zeit, Ort und Art der Auszahlung der Arbeitsentgelte. Nach h.M. besteht auch ein Mitbestimmungsrecht hinsichtlich der Kontoführungsgebühren. In Betracht kommt höchstens eine Gebühr für die Einrichtung und/oder Unterhaltung des Kontos, eine Gebühr für die Überweisung des Arbeitsentgelts und eine Gebühr für die einmalige Abhebung. Möglich ist aber auch Pauschalbetrag, z.B. von 2,50 Euro monatlich.

6.5 Mitbestimmung gemäß § 87 Abs. 1 Nr. 5 BetrVG

Der Betriebsrat hat nach dieser Vorschrift mitzubestimmen bei der Aufstellung allgemeiner Urlaubsgrundsätze, dem Urlaubsplan und er entscheidet bei Streitigkeiten zwischen Arbeitgeber und Arbeitnehmer über die Festsetzung des Urlaubs. Das Mitbestimmungsrecht besteht nicht nur bei Erholungsurlaub nach dem BUrlG. Auch umfasst werden

- Bildungsurlaub nach dem jeweiligen Landesrecht,
- Zusatzurlaub, § 208 SGB IX,
- bezahlter Sonderurlaub,
- unbezahlter Sonderurlaub usw.

Allgemeine Urlaubsgrundsätze betreffen die Festlegung allgemeiner Richtlinien, nach denen der Urlaub im Einzelfall gewährt oder nicht gewährt werden darf oder soll, z.B. die Einführung von Betriebsferien, arbeitsfreier Tage zwischen Weihnachten und Neujahr, sowie der Vorrang von Arbeitnehmern mit schulpflichtigen Kindern. Durch den Urlaubsplan ist der Urlaubsanspruch des einzelnen Arbeitnehmers konkretisiert, so dass er den Urlaub antreten kann und sich nur noch abmelden muss.

6.6 Mitbestimmung gemäß § 87 Abs. 1 Nr. 6 BetrVG

Gemäß § 87 Abs. 1 Nr. 6 BetrVG hat der Betriebsrat ein Mitbestimmungsrecht bei der Einführung und Anwendung von technischen Einrichtungen, die dazu bestimmt sind, das Verhalten und die Leistung des Arbeitnehmers zu überwachen. Ausreichend ist bereits, dass die technische Einrichtung objektiv zur Überwachung von Arbeitnehmern geeignet ist, d.h. dem Arbeitgeber Daten über das Verhalten oder Leistung des Arbeitnehmers tatsächlich zur Verfügung stellt. Ob der Arbeitgeber die Einrichtung auch in der Absicht anschafft, sie zur Überwachung einzusetzen, ist demnach ohne Bedeutung.

Beispiel: Der Arbeitgeber S ist u.a. für die Durchführung der nach der StVZO vorgeschriebenen Hauptuntersuchungen an Kraftfahrzeugen zuständig. 2012 bestand der Verdacht, dass ein Prüfer Prüfplaketten an nicht verkehrssichere Fahrzeuge von bestimmten Gebrauchtwagenhändlern gegen Bezahlung erteilte. Der Arbeitgeber S beauftragte daraufhin ein Detektivbüro, das den verdächtigen Prüfer schließlich überführte. Ein als Kunde getarnter Mitarbeiter des Detektivbüros kaufte ein Fahrzeug bei einem Gebrauchtwagenhändler, für dessen Betrieb der verdächtige Prüfer zuständig war. Außerdem wurden Fahrzeuge des Gebrauchtwagenhändlers beobachtet, die von dem verdächtigten Prüfer bei der TÜV-Prüfstelle oder in der Werkstatt des Händlers abgenommen werden sollten. Der Betriebsrat wurde bei der Beauftragung des Detektivbüros nicht beteiligt. Er ist der Ansicht, der Arbeitgeber müsse jegliche Überwachung durch Detektive jedenfalls ohne vorherige Zustimmung des Betriebsrates unterlassen. Zu Recht?

Lösung: Der Arbeitgeber ist zur Unterlassung verpflichtet, wenn der Einsatz von Privatdetektiven eine mitbestimmungspflichtige Angelegenheit darstellt.

I. Mitbestimmungspflicht gemäß § 87 Abs. 1 Nr. 1 BetrVG

Der Betriebsrat kann von dem Arbeitgeber verlangen, dass dieser den Einsatz von Privatdetektiven ohne seine Zustimmung unterlässt, wenn es sich um eine mitbestimmungspflichtige Maßnahme gemäß § 87 Abs. 1 Nr. 1 BetrVG handelt. Die Überwachung der Arbeitnehmer, gleichgültig ob durch Detektive oder Vorgesetzte, hat keinen Bezug zum sogenannten Ordnungsverhalten der Arbeitnehmer, sondern betrifft ausschließlich ihr Arbeitsverhalten. Mit dem Einsatz von Detektiven wird überhaupt kein Verhalten der Arbeitnehmer geregelt, ihnen kein bestimmtes Verhalten aufgegeben.

Zweck des Einsatzes von Detektiven wie jeder Überwachung ist es lediglich, festzustellen, ob die Arbeitnehmer sich bei ihrer Arbeitsleistung so verhalten, wie sie aufgrund ihres Arbeitsvertrages ohnehin verpflichtet sind. Der Umstand, dass Arbeitnehmer in Kenntnis der Tatsache, dass sie bei ihrer Arbeit hinsichtlich ihres Arbeitsergebnisses überwacht werden, ihren Arbeitspflichten sorgfältiger als vielleicht sonst nachkommen, ihr Arbeitsverhalten vertragsgemäß gestalten, führt nicht dazu, dass eine Überwachung von Arbeitnehmern bei ihrer Arbeitsleistung der Mitbestimmung des Betriebsrats unterliegt. Der Betriebsrat ist somit nicht gemäß § 87 Abs. 1 Nr. 1 BetrVG zu beteiligen.

II. Mitbestimmungsrecht d. Betriebsrates gem. § 87 Abs. 1 Nr. 6 BetrVG
Der Betriebsrat kann von dem Arbeitgeber verlangen, an dem Einsatz von Privatdetektiven beteiligt zu werden, wenn es sich um eine mitbestimmungspflichtige Maßnahme gemäß § 87 Abs. 1 Nr. 6 BetrVG handelt. Ein Mitbestimmungsrecht des Betriebsrats nach § 87 Abs. 1 Nr. 6 BetrVG scheidet schon deswegen aus, weil bei einem Einsatz von Privatdetektiven die Arbeitnehmer nicht durch technische Einrichtungen überwacht werden, die gerade auch zur Überwachung ihrer Arbeitsleistung bestimmt sind.

Ergebnis: Der Betriebsrat kann nicht verlangen, dass der Arbeitgeber den Einsatz von Privatdetektiven zur Überwachung der Prüfer solange unterlässt, bis der Betriebsrat einem solchen Einsatz zugestimmt hat. Der Betriebsrat hat hinsichtlich des hier streitigen Einsatzes von Privatdetektiven zur Überwachung der Prüfer kein Mitbestimmungsrecht.

6.7 Mitbestimmung gemäß § 87 Abs. 1 Nr. 7 BetrVG

Nach § 87 Abs. 1 Nr. 7 BetrVG hat der Betriebsrat ein Mitbestimmungsrecht bei Regelungen über die Verhütung von Arbeitsunfällen, Berufskrankheiten sowie über den Gesundheitsschutz im Rahmen der gesetzlichen Vorschriften oder der Unfallverhütungsvorschriften. Gegenstand des Mitbestimmungsrechts sind nur Regelungen soweit diese ausfüllungsbedürftige Rahmenvorschriften enthalten und dem Arbeitgeber ein Regelungsspielraum verbleibt. Somit ist der Betriebsrat nur zu beteiligen, wenn mehrere Möglichkeiten bestehen, um ein vorgegebenes Sicherheitsziel zu erreichen.

6.8 Mitbestimmung gemäß § 87 Abs. 1 Nr. 8 BetrVG

Der Betriebsrat hat gemäß § 87 Abs. 1 Nr. 8 BetrVG ein Mitbestimmungsrecht bei Form, Ausgestaltung und Verwaltung von Sozialeinrichtungen, deren Wirkungsbereich auf den Betrieb, das Unternehmen oder den Konzern beschränkt ist. Eine Sozialeinrichtung ist ein zweckgebundenes Sondervermögen mit abgrenzbarer, auf Dauer angelegter Organisation, das eine rechtliche und tatsächliche Verwaltung verlangt bzw. ein Sondervermögen, das der Verwaltung bedarf. Es ist nicht erforderlich, dass der Arbeitgeber die soziale Einrichtung kostenlos zur Verfügung stellt, er darf durchaus ein Entgelt bei den Arbeitnehmern erheben. Beispiele für soziale Einrichtungen sind Kantinen, Bibliotheken, Unterstützungs- und Pensionskassen, Betriebskindergärten, Erholungsheime. Die Entscheidung, ob der Arbeitgeber überhaupt zugunsten seiner Belegschaft soziale Einrichtungen zur Verfügung stellt, trifft er allein.

6.9 Mitbestimmung gemäß § 87 Abs. 1 Nr. 9 BetrVG

Nach § 87 Abs. 1 Nr. 9 BetrVG hat der Betriebsrat ein Mitbestimmungsrecht bei der Zuweisung und Kündigung von Wohnräumen, die den Arbeitnehmern mit Rücksicht auf das Bestehen eines Arbeitsverhältnisses vermietet werden, sowie bei der allgemeinen Festlegung der Nutzungsbedingungen. Das Mitbestimmungsrecht greift ausschließlich bei Werksmietwohnungen. Um solche handelt es sich dann, wenn zwei unabhängige Verträge (Arbeitsvertrag und Mietvertrag) nebeneinander abgeschlossen werden, wobei der Mietvertrag mit Rücksicht auf den Arbeitsvertrag abgeschlossen wird. *Zuweisung* ist die Entscheidung über die Person des Begünstigten, nicht aber der Abschluss des Mietvertrages. Die allgemeine Festlegung von Nutzungsbedingungen erfasst generelle Regelungen, die für die Nutzung von Wohnräumen maßgeblich sein sollen, z.B. Hausordnung, die Aufstellung eines Mustermietvertrages, und die allgemeinen Grundsätze für die Mietpreisfestsetzung.

Kein Mitbestimmungsrecht besteht bei den sog. Werksdienstwohnungen. Hierbei handelt es sich um einen einheitlichen Arbeitsvertrag, der auch die Überlassung der Werksdienstwohnung zum Gegenstand hat, wie z.B. bei Pförtnern oder Hausmeistern. Da hier der Arbeitnehmer, der den Arbeitsvertrag abschließt, auch die Werksdienstwohnung bezieht, ist für ein Mitbestimmungsrecht des Betriebsrates gemäß § 87 Abs. 1 Nr. 9 BetrVG kein Regelungsspielraum. Ein Mitbestimmungsrecht besteht bei Werksdienstwohnungen aber über § 99 BetrVG.

6.10 Mitbestimmung gemäß § 87 Abs. 1 Nr. 10 BetrVG

Nach § 87 Abs. 1 Nr. 10 BetrVG hat der Betriebsrat ein Mitbestimmungsrecht bei Fragen der betrieblichen Lohngestaltung, insbesondere bei der Aufstellung von Entlohnungsgrundsätzen und der Einführung und Anwendung von neuen Entlohnungsmethoden sowie deren Änderung. Zweck dieses Mitbestimmungsrechts ist der Schutz der Belegschaft vor willkürlicher Verteilung des Lohns.

Es dient damit der Sicherung von Lohngerechtigkeit und Lohntransparenz.

Beispiel: Die Parteien streiten über die Zahlung von Weihnachtsgeld für das Jahr 2012. Die beiden Arbeitnehmer sind seit 1968 bzw. 1985 in dem Betrieb der Arbeitgeberin beschäftigt. Die Arbeitgeberin und der Betriebsrat haben am 10. Oktober 1998 eine Betriebsvereinbarung über die Zahlung eines freiwilligen Weihnachtsgeldes geschlossen. Nach dieser Betriebsvereinbarung sollten die Mitarbeiter unter Berücksichtigung der tariflichen Sonderzahlung ein nach der Dauer der Betriebszugehörigkeit gestaffeltes Weihnachtsgeld in Höhe von 50% bis 150% eines Monatseinkommens erhalten. Der Arbeitnehmer A hatte nach dieser Betriebsvereinbarung ein Weihnachtsgeld in Höhe von 125% eines Monatseinkommens zu beanspruchen, der Arbeitnehmer B ein Weihnachtsgeld von 100% eines Monatsverdienstes.

Nach Ziffer 5 der Betriebsvereinbarung konnte die Betriebsvereinbarung von Arbeitgeber und Betriebsrat „entsprechend der in § 77 Abs. 5 genannten Fristen gekündigt werden." Die Arbeitgeberin hat die Betriebsvereinbarung mit Schreiben vom 5. Juni 2012 zum 30. September 2012 gekündigt. In einem Aushang vom 6. Juni 2012 hat sie ihre Mitarbeiter darüber informiert, dass die Kündigung aus Gründen der Kostenanpassung erforderlich gewesen sei. Das neue und niedrigere Niveau des Weihnachtsgeldes werde Gegenstand weiterer Verhandlungen mit dem Betriebsrat sein. Die Verhandlungen mit dem Betriebsrat haben zu keinem Ergebnis geführt. Die Arbeitgeberin hat mit Aushang vom 26. September 2012 die Neuregelung des Weihnachtsgeldes für das Jahr 2012 mitgeteilt. Diese Regelung sieht auch ein in der Höhe nach der Dauer der Betriebszugehörigkeit gestaffeltes Weihnachtsgeld vor, das aber geringer ist als das in der Betriebsvereinbarung festgelegte.

Der Arbeitnehmer A hat nach dieser Regelung 100% einer Monatsvergütung als Weihnachtsgeld erhalten (1.806 €), der Arbeitnehmer B 75% einer Monatsvergütung (1.428 €). Beide Arbeitnehmer haben damit erheblich weniger Weihnachtsgeld erhalten, als ihnen auf der Grundlage der Betriebsvereinbarung vom 10. Oktober 1998 zugestanden hätte. Mit ihrer Klage haben sie den sich hieraus ergebenden Differenzbetrag geltend gemacht. Die Arbeitnehmer sind der Auffassung, die Arbeitgeberin habe die in der Betriebsvereinbarung vom 10. Oktober 1998 geregelten Grundsätze über die Zahlung eines freiwilligen Weihnachtsgeldes nur unter Beachtung des Mitbestimmungsrechts des Betriebsrates aus § 87 Abs. 1 Nr. 10 ändern können. Die Missachtung des Mitbestimmungsrechts durch die Arbeitgeberin führe zur Unwirksamkeit der Kündigung der Betriebsvereinbarung und damit zum Fortbestand der alten Regelung.

Die Arbeitnehmer haben beantragt, die Arbeitgeberin zu verurteilen, an den Arbeitnehmer A 451,37 € brutto, an den Arbeitnehmer zu 2 B 476,00 € brutto zu bezahlen.

Die Arbeitgeberin hat beantragt, die Klage abzuweisen. Zur Begründung hat sie vorgetragen, sie sei wegen der schlechten Auftragslage zur Kündigung der Betriebsvereinbarung berechtigt gewesen. Sie habe versucht, mit dem Betriebsrat eine Einigung über eine Neuregelung der Zahlung des Weihnachtsgelds herbeizuführen. Der Betriebsrat habe jedoch darauf bestanden, dass das Weihnachtsgeld weiterhin auf der Grundlage der Betriebsvereinbarung vom 10. Oktober 1998 gezahlt werde. Da sie die Betriebsvereinbarung wirksam gekündigt habe, könnten die Arbeitnehmer hieraus keine Ansprüche mehr herleiten. Wie ist die Rechtslage?

Anspruch der Arbeitnehmer gegen die Arbeitgeberin auf Zahlung von Weihnachtsgeld in Höhe von 451,37 € bzw. 476.00 € gemäß Betriebsvereinbarung 1998?

I. Die Kläger könnten gegen die Arbeitgeberin einen Anspruch auf Zahlung von Weihnachtsgeld in Höhe von 451,37 € bzw. 476,00 € gemäß Betriebsvereinbarung 1998 haben.

1. Allg. Wirksamkeitsvoraussetzungen der Betriebsvereinb. 1998
Die allgemeinen Wirksamkeitsvoraussetzungen der Betriebsvereinbarung können unterstellt werden.

2. Kündigung der Betriebsvereinbarung 1998
Allerdings hat der Arbeitgeber die Betriebsvereinbarung 1998 gekündigt. Sie kann daher nicht mehr unmittelbar als Anspruchsgrundlage für die Zahlungsansprüche der Arbeitnehmer herangezogen werden.

3. Zwischenergebnis
Die Arbeitnehmer haben keine Ansprüche aus der Betriebsvereinbarung 1998.

II. Ansprüche der Arbeitnehmer auf Zahlungen des Weihnachtsgelds in Höhe von 451,37 € bzw. 476,00 € gemäß § 77 Abs. 6 BetrVG i.V.m. Betriebsvereinbarung 1998 i.V.m. Arbeitsvertrag.

Allerdings könnten die Arbeitnehmer Anspruch auf Zahlung des Weihnachtsgeldes in Höhe von 451,37 € bzw. 476,00 € gemäß § 77 Abs. 6 BetrVG i.V.m. Betriebsvereinbarung 1998 i.V.m. Arbeitsvertrag aus nachwirkender Betriebsvereinbarung haben.

1. Teilmitbestimmte Betriebsvereinbarung
Der Nachwirkung unterliegen nur erzwingbare Betriebsvereinbarungen, freiwillige Betriebsvereinbarungen wirken nicht nach, vgl. § 77 Abs. 6

BetrVG. Die Betriebsvereinbarung weist sowohl Regelungen auf, die der erzwingbaren Mitbestimmung unterliegen, als auch solche, die der freiwilligen Mitbestimmung zuzuordnen sind. So ist die Frage, ob der Arbeitgeber überhaupt ein Weihnachtsgeld an seine Belegschaft zahlen will, mitbestimmungsfrei. Hinsichtlich der Frage, wie dieses Weihnachtsgeld an die Arbeitnehmer zu verteilen ist, ist der Betriebsrat gemäß § 87 Abs. 1 Nr. 10 BetrVG zu beteiligen.

2. Nachwirkung teilmitbestimmter Betriebsvereinbarungen

Die h.M. nimmt bei solchen teilmitbestimmten Betriebsvereinbarungen an, dass diese dann insgesamt eine Nachwirkung entfalten, wenn der Arbeitgeber die Verteilungsgrundsätze ändert und damit den Teil regelt, bei dem das Mitbestimmungsrecht eingreift. Entschließt sich der Arbeitgeber aber dazu, gar kein Weihnachtsgeld mehr zu zahlen, oder dieses für alle Arbeitnehmer gleichmäßig zu kürzen, entfällt hingegen das Mitbestimmungsrecht des Betriebsrates und damit auch insgesamt die Nachwirkung. Zur Begründung wird vorgetragen, dass vor dem Hintergrund von Lohngerechtigkeit und Lohntransparenz nur dann eine Mitbestimmungsbedürftigkeit vorliegt, wenn der Arbeitgeber die Verteilung und damit auch die Frage, in welchem Verhältnis die Arbeitnehmer an der Zahlung partizipieren, neu regelt. Werden hingegen alle Arbeitnehmer gleich – auch gleich schlecht – behandelt, entfällt bereits der Regelungsspielraum und damit auch die Mitbestimmung.

Im vorliegenden Sachverhalt hat die Arbeitgeberin auf den ersten Blick gleichmäßig um 25% gekürzt. Ein Mitbestimmungsrecht des Betriebsrates wäre demnach abzulehnen. Tatsächlich betrug die Kürzung bei A aber 20% bei B 25% des vorher gezahlten Weihnachtsgeldes. Bei A wurde sein früheres Weihnachtsgeld in Höhe von 125% des Bruttomonatsgehalts auf 100% und damit um 1/5, bei B von 100% auf 75% und damit um 1/4 gekürzt. Somit hat die Arbeitgeberin keine gleichmäßige Kürzung vorgenommen. Die Verteilungsgrundsätze wurden geändert. Der Betriebsrat hätte hierbei beteiligt werden müssen, da es sich um eine mitbestimmungspflichtige Angelegenheit i.S.v. § 87 Abs. 1 Nr. 10 handelt. Da noch keine andere Abmachung getroffen wurde – der Aushang vom 6. Juni 2012 ist keine Abmachung sondern eine einseitige Erklärung – entfaltet die Betriebsvereinbarung 1998 Nachwirkung. Die Arbeitnehmer können daher aufgrund der nachwirkenden Betriebsvereinbarung Zahlung verlangen.

3. Ergebnis: Die Arbeitnehmer haben Anspruch auf Zahlung von Weihnachtsgeld in Höhe von 451,37 € bzw. 476,00 € gemäß § 77 Abs. 6 BetrVG i.V.m. Betriebsvereinbarung 1998 i.V.m. Arbeitsvertrag aus nachwirkender Betriebsvereinbarung.

6.11 Mitbestimmung gemäß § 87 Abs. 1 Nr. 11 BetrVG

§ 87 Abs. 1 Nr. 11 BetrVG ergänzt das Mitbestimmungsrecht des Betriebsrats nach § 87 Abs. 1 Nr. 10 BetrVG dahin, dass er bei der Festsetzung der Akkord- und Prämiensätze und vergleichbarer leistungsbezogener Entgelte, einschließlich der Geldfaktoren, mitzubestimmen hat. Dieses Mitbestimmungsrecht soll verhindern, dass besonders leistungsstarke Arbeitnehmer ihre Gesundheit gefährden, weil sie eine besonders hohe Vergütung erreichen wollen und dass leistungsschwache Arbeitnehmer keine ausreichende Vergütung mehr erzielen.

6.12 Mitbestimmung gemäß § 87 Abs. 1 Nr. 12 BetrVG

Nach § 87 Abs. 2 Nr. 12 BetrVG unterliegen die Grundsätze über das betriebliche Vorschlagswesen der Mitbestimmung des Betriebsrats. Dieses Mitbestimmungsrecht umfasst alle Anregungen von Arbeitnehmern, die sie außerhalb ihres eigentlichen Pflichtenkreises freiwillig zur Vereinfachung, Erleichterung, Beschleunigung oder sicheren Gestaltung der betrieblichen Arbeit oder zur Förderung der Zusammenarbeit im Betrieb machen.

6.13 Mitbestimmung gemäß § 87 Abs. 1 Nr. 13 BetrVG

Gruppenarbeit liegt vor, wenn im Rahmen des betrieblichen Arbeitsablaufs eine Gruppe von Arbeitnehmern eine ihr übertragene Gesamtaufgabe im Wesentlichen eigenverantwortlich erledigt. Der Mitbestimmungstatbestand bezieht sich ausschließlich auf die Form der teilautonomen Gruppenarbeit. Diese ist vor allem dadurch gekennzeichnet, dass ihre Mitglieder die notwendigen Arbeitsschritte in eigener Verantwortung planen, verteilen und steuern. Mitbestimmungspflichtig sind z.B. die Wahl und die Aufgaben des Gruppensprechers, Zusammenarbeit und Organisation der Gruppenmitglieder, Koordination der Gruppenangelegenheiten (z. B. Gruppengespräche), Verfahren zur Beilegung von Meinungsverschiedenheiten, Schutz leistungsschwächerer Gruppenmitglieder usw. Insgesamt ist die Bedeutung dieses Mitbestimmungsrecht eher gering. Die wesentlichen Arbeitsbedingungen werden auch bei Gruppenarbeit durch § 87 Abs. 1 Nr. 1 bis 12 geregelt.

XII. Mitbestimmung des Betriebsrates in personellen Angelegenheiten

1. Umfassende Mitbestimmung

Kernbereich der Mitbestimmung bilden §§ 99 und 102 BetrVG, also die Mitbestimmung bei personellen Einzelmaßnahmen. Aber die Mitbestimmung des Betriebsrates setzt bereits früher an: Sie umfasst die Beteiligung des Betriebsrates bei der Personalplanung bis hin zur Teilnahme an betrieblichen und außerbetrieblichen Bildungsmaßnahmen.

2. Mitbestimmungsrechte des Betriebsrates gemäß §§ 92 ff.

2.1. Mitbestimmung bei der Personalplanung, § 92 BetrVG

Personalplanung ist die Festlegung des künftigen Personalbedarfs nach Qualität und Quantität der Arbeitnehmer. Ob der Arbeitgeber eine solche Personalplanung vornimmt oder nicht, entscheidet er allein. Der Betriebsrat kann nur Vorschläge über die Einführung einer Personalplanung unterbreiten, § 92 Abs. 2 BetrVG. Wenn allerdings eine Personalplanung stattfindet, hat der Arbeitgeber den Betriebsrat gemäß § 92 Abs. 1 umfassend und rechtzeitig zu unterrichten, § 92 Abs. 1 BetrVG.

2.2 Mitbestimmung bei der Beschäftigungssicherung, § 92a BetrVG

Der Betriebsrat kann dem Arbeitgeber auch Vorschläge zur Beschäftigungssicherung unterbreiten, § 92a Abs. 1 BetrVG. Diese hat der Arbeitgeber mit dem Betriebsrat zu beraten, § 92a Abs. 2 BetrVG.

2.3 Ausschreibung von Arbeitsplätzen, § 93 BetrVG

Der Arbeitgeber ist verpflichtet, freie Arbeitsplätze allgemein oder für bestimmte Arbeiten, intern auszuschreiben, wenn der Betriebsrat dies verlangt hat. Handelt der Arbeitgeber dieser Verpflichtung zuwider, kann der Betriebsrat seine Zustimmung zu der Einstellung gemäß § 99 Abs. 2 Nr. 5 BetrVG verweigern. Das Verlangen des Betriebsrates muss vor der Neubesetzung der Stelle erfolgen. Ein Verlangen des Betriebsrates erst im Rahmen der

Beteiligung nach § 99 BetrVG ist verspätet und berechtigt nicht mehr zur Zustimmungsverweigerung.

2.4 Mitbestimmung bei Personalfragebögen und Beurteilungsgrundsätzen, § 94 BetrVG

Führt der Arbeitgeber in seinem Betrieb Personalfragebögen ein, ist jede Frage, die die persönlichen Verhältnisse der Bewerber berührt, zustimmungspflichtig. Ob überhaupt Personalfragebögen verwendet werden, ist allerdings mitbestimmungsfrei. Auch die persönlichen Angaben in Formulararbeitsverträgen und die Aufstellung von allgemeinen Beurteilungsgrundsätzen sind nach dieser Vorschrift mitbestimmungspflichtig.

2.5 Auswahlrichtlinien, § 95 BetrVG

Auswahlrichtlinien legen allgemeine Kriterien dafür fest, welche fachlichen, persönlichen oder sozialen Voraussetzungen Arbeitnehmer erfüllen müssen bzw. nicht erfüllen dürfen. Sie spielen sowohl bei der Einstellung und Versetzung aber auch bei der Kündigung von Arbeitnehmern eine große Rolle. Häufig werden die Auswahlgesichtspunkte anhand von Punkteschemata bewertet. Die größte Rolle spielen Auswahlrichtlinien bei der Sozialauswahl anlässlich betriebsbedingter Kündigungen, vgl. § 1 Abs. 4 KSchG. In Betrieben mit mehr als 500 Arbeitnehmern hat der Betriebsrat bezüglich der Aufstellung von Auswahlrichtlinien gegenüber dem Arbeitgeber ein Initiativrecht, § 95 Abs. 2 BetrVG.

2.6 Mitbestimmung bei der Berufsbildung, §§ 96 bis 98 BetrVG

Der Arbeitgeber ist nicht verpflichtet, Maßnahmen der Berufsbildung für die Arbeitnehmer durchzuführen. Gemäß § 96 Abs. 1 BetrVG trifft ihn insoweit nur die Verpflichtung, die Berufsbildung zu fördern und mit dem Betriebsrat zu beraten. Führt der Arbeitgeber aber betriebliche Bildungsmaßnahmen durch, hat er den Betriebsrat hieran auch zu beteiligen, § 98 Abs. 1 BetrVG. Das Mitbestimmungsrecht umfasst sowohl die Bestellung der mit der Durchführung der Bildungsmaßnahme beauftragten Person, § 98 Abs. 2 BetrVG, als auch die Auswahl der Arbeitnehmer, die an der Maßnahme teilnehmen können, § 98 Abs. 3 BetrVG.

3. Mitbestimmung bei § 99 BetrVG

3.1 Anwendungsbereich von § 99 Abs. 1 BetrVG

Gemäß § 99 Abs. 1 BetrVG ist der Betriebsrat in Unternehmen mit in der Regel mehr als 20 wahlberechtigten Arbeitnehmern vor jeder Einstellung, Versetzung, Ein- und Umgruppierung zu unterrichten.

3.1 Einstellung i.S.v. § 99 Abs. 1 BetrVG

Eine Einstellung liegt vor, wenn Personen in den Betrieb des Arbeitgebers eingegliedert werden, um zusammen mit den dort bereits Beschäftigten den arbeitstechnischen Zweck in weisungsabhängiger Tätigkeit zu verfolgen. Nach dieser Eingliederungstheorie umfasst die Einstellung weitaus mehr als den Abschluss des Arbeitsvertrages. Der Betriebsrat ist danach immer dann zu beteiligen, wenn Personen im Betrieb weisungsabhängige Tätigkeit verrichten. Dafür ist noch nicht einmal erforderlich, dass es sich um Arbeitnehmer handelt. Das Mitbestimmungsrecht liegt vor bei:

- der Aufnahme von Leiharbeitnehmern, die dem AÜG unterliegen,
- Zivildienstleistenden,
- 1-€-Jobbern,
- Personen im freiwilligen sozialen Jahr,
- bei der Verlängerung eines befristeten Arbeitsverhältnisses sowie bei dem Übergang von einem befristeten in ein unbefristetes Arbeitsverhältnis.

3.2 Versetzung, § 95 Abs. 3 BetrVG

§ 95 Abs. 3 BetrVG enthält eine Legaldefinition für die kollektivrechtliche Versetzung. Danach kommt es für die Beteiligungsrechte des Betriebsrates allein darauf an, ob sich der Arbeitsbereich, der Arbeitsort, die Tätigkeit oder die Arbeitsumstände des Arbeitnehmers für voraussichtlich mehr als einen Monat ändern oder ob sich die Arbeitsumstände erheblich ändern. Ob der Arbeitnehmer die veränderte Arbeitsleistung arbeitsvertraglich schuldet, ist für die Mitbestimmungsrechte ohne Bedeutung.

Beispiel: Arbeitnehmer A hat 1980 einen Arbeitsvertrag unterschrieben, nach dem sein Arbeitsort Osnabrück ist. Allerdings hat sich sein Arbeitgeber das Recht vorbehalten, den A bei Bedarf auch in der Niederlassung in Münster einzusetzen. Im Jahre 2013 verlangt A´s Arbeitgeber, dass dieser künftig seine Arbeitsleistung ausschließlich in Münster erbringt. A fragt den Vorsitzenden seines Betriebsrates, ob es sich bei der Weisung, dauerhaft in Münster zu arbeiten, um eine mitbestimmungspflichtige Maßnahme handelt.

Lösung: Für die Beurteilung einer mitbestimmungspflichtigen Versetzung sind die arbeitsvertraglichen Regelungen ohne Bedeutung. Es kommt somit nicht darauf an, ob A die Tätigkeit in Münster schuldet. Entscheidend ist vielmehr, dass sich sein Arbeitsort für mehr als einen Monat ändern soll. Damit liegt eine mitbestimmungspflichtige Versetzung vor. Der Betriebsrat muss dieser vor Aufnahme der Arbeit in Münster zustimmen.

Eine Ausnahme von der Mitbestimmungspflicht besteht nach § 95 Abs. 3 S. 2 BetrVG nur für solche Arbeitnehmer, die wegen der Eigenart der Tätigkeit üblicherweise nicht ständig an einem bestimmten Arbeitsplatz beschäftigt werden. Hierzu gehören vor allem Außendienstmitarbeiter und Springer.

3.3 Ein- und Umgruppierung

Werden in dem Betrieb aufgrund eines Tarifvertrages oder einer Betriebsvereinbarung gemäß § 87 Abs. 1 Nr. 10 BetrVG Vergütungsgruppen angewandt, löst jede Einstellung und jede Versetzung auch die Frage aus, welcher Vergütungsgruppe das Arbeitsverhältnis des Arbeitnehmers unterzuordnen ist. Die erstmalige Einordnung in solche Vergütungsgruppen ist eine *Eingruppierung*, der Wechsel zu einer anderen Vergütungsgruppe ist eine *Umgruppierung.*

4. Beteilung des Betriebsrates bei mitbestimmungspflichtigen Maßnahmen des § 99 BetrVG

4.1 Unterrichtung, § 99 Abs. 1 BetrVG

Vor der Einstellung, Versetzung, Ein- oder Umgruppierung hat der Arbeitgeber den Betriebsrat gemäß § 99 Abs. 1 BetrVG unter Vorlage aller Bewerbungsunterlagen umfassend zu unterrichten.

4.2 Stellungnahme des Betriebsrates, § 99 Abs. 2 BetrVG

Im Anschluss an die Unterrichtung hat der Betriebsrat innerhalb einer Woche zu dem Vorhaben des Arbeitgebers Stellung zu nehmen. Hält der Betriebsrat das Vorhaben des Arbeitgebers aus einem der Gründe des § 99 Abs. 2 Nr. 1 bis 5 BetrVG für unvertretbar, hat er die Möglichkeit, die Zustimmung zu der Maßnahme zu verweigern. Die Zustimmung muss schriftlich, innerhalb einer Woche und unter Angabe von Gründen erfolgen, vgl. § 99 Abs. 3 BetrVG. An die Begründung werden zwar keine besonders hohen Anforderungen gestellt, es reicht aber nicht aus, wenn der Betriebsrat lediglich den gesetzlichen Wortlaut der Gründe aus § 99 Abs. 2 Nr. 1 bis 6 BetrVG wiederholt. Auch ein zu pauschales Vorbringen, das sich keinem der Zustimmungsverweigerungsrechte zuordnen lässt, reicht für eine ordnungsgemäße Begründung i.S.v. § 99 Abs. 3 BetrVG nicht aus. Dabei sind die Zustimmungsverweigerungsrechte enumerativ aufgeführt, weitergehende Zustimmungsverweigerungsrechte sind also nicht vorhanden. Der Betriebsrat hat auch die Möglichkeit, der Maßnahme zuzustimmen. Schweigt der Betriebsrat, gilt seine Zustimmung nach Ablauf einer Woche seit der Unterrichtung als erteilt, § 99 Abs. 3 S. 2 BetrVG.

4.3 Ersetzung der Zustimmung, § 99 Abs. 4 BetrVG

Will der Arbeitgeber trotz der verweigerten Zustimmung des Betriebsrates an der Maßnahme festhalten, hat er bei dem zuständigen Arbeitsgericht einen Antrag auf Ersetzung der Zustimmung des Betriebsrates zu stellen. Das Arbeitsgericht prüft in diesem Fall, ob tatsächlich ein Zustimmungsverweigerungsrecht vorlag oder ob der Betriebsrat das Vorliegen eines Zustimmungsverweigerungsrechtes zu Unrecht angenommen hat.

Beispiel: Die Beteiligten streiten über die Ersetzung der vom Betriebsrat verweigerten Zustimmung zur Einstellung des Arbeitnehmers *B*. Der Arbeitgeber betreibt in der Stadt P eine Kfz-Prüfstelle, die zur Niederlassung K gehört. Für die Niederlassung ist ein mehrköpfiger Betriebsrat gebildet. Die von der Tarifgemeinschaft Technischer Überwachungsverein und der Gewerkschaft ÖTV abgeschlossenen und vom Arbeitgeber angewandten Tarifverträge sind zum Jahresende 2010 gekündigt worden. Nach dem Ausscheiden eines Prüfungsingenieurs der Prüfstelle P schrieb der AG den Arbeitsplatz zur Neubesetzung aus. Außerdem bat er das zuständige Arbeitsamt mit dem Hinweis darauf, dass die Stelle auch für

Schwerbehinderte geeignet sei, um Vermittlungsvorschläge. Mit einem dem Betriebsrat am 31.03.2012 eingegangenen Schreiben beantragte der AG dessen Zustimmung zur Einstellung des Herrn B. Der Betriebsrat widersprach der Einstellung. Zur Begründung führte er an, die Einstellung verstoße gegen tarifvertragliche und gesetzliche Regelungen, benachteilige Herrn B und lasse eine ungerechtfertigte Benachteiligung der bereits beschäftigten Arbeitnehmer befürchten. Die mit Herrn B vereinbarten Arbeitsbedingungen, insbesondere die Vergütung, verstießen gegen die Bestimmungen der nachwirkenden Tarifverträge. Hierin liege zugleich eine nach § 75 BetrVG a. F. verbotene Schlechterstellung gegenüber den bereits im Betrieb beschäftigen Arbeitnehmern. Überdies sei zu besorgen, dass der Arbeitgeber versuchen werde, auch die Arbeitsbedingungen dieser Arbeitnehmer entsprechend zu verschlechtern.

Außerdem sei mit einer Störung des Betriebsfriedens dadurch zu rechnen, dass für gleiche Arbeitsleistungen unterschiedliche Arbeitsbedingungen gälten. Weiter rügt der Betriebsrat einen Verstoß gegen § 87 BetrVG, weil für die neu eingestellten Arbeitnehmer mitbestimmte betriebliche Entlohnungsgrundsätze aufgestellt werden müssten, wenn entsprechend der Auffassung des Arbeitgebers die tariflichen keine Anwendung fänden. Wie ist die Rechtslage?

Lösung: Das Arbeitsgericht wird die Zustimmung zur Einstellung des Herrn B gemäß § 99 Abs. 4 BetrVG ersetzen, wenn kein Zustimmungsverweigerungsrecht vorliegt.

1. Anwendungsbereich des § 99 Abs. 1 BetrVG

Der Anwendungsbereich des § 99 Abs. 1 BetrVG ist eröffnet. B soll eingestellt werden. Außerdem handelt es sich um ein Unternehmen mit mehr als 20 wahlberechtigten Arbeitnehmern. Dies geht bereits aus dem Umstand hervor, dass ein mehrköpfiger Betriebsrat besteht, vgl. § 9 BetrVG.

2. Form- u. fristgerechte Verweigerung d. Zust., § 99 Abs. 3 BetrVG

Der Betriebsrat hat die Zustimmung schriftlich, innerhalb einer Woche und unter Angabe von Gründen verweigert. Die Verweigerung der Zustimmung ist daher formell ordnungsgemäß.

3. Vorliegen eines Zustimmungsverweigerungsrechts, § 99 Abs. 2 BetrVG

3.1. Zustimmungsverweigerungsrecht gemäß § 99 Abs. 2 Nr. 1 BetrVG

3.1.1. Verstoß gegen den nachwirkenden Tarifvertrag

Der Betriebsrat könnte nach § 99 Abs. 2 Nr. 1 BetrVG berechtigt gewesen sein, die Zustimmung zur Einstellung des B zu verweigern. Dann müsste die Einstellung gegen ein Gesetz, einen Tarifvertrag oder gegen eine vergleichbare Norm i.S.d. § 99 Abs. 2 Nr. 1 BetrVG verstoßen. Fraglich ist, ob in der untertariflichen Vergütung des B ein Verstoß gegen den Tarifvertrag zu sehen ist.

Ein solcher Verstoß gegen den Tarifvertrag ist jedoch bereits deswegen abzulehnen, weil dieser bereits gekündigt und sich damit in der Nachwirkung befand. Während der Nachwirkung eines Tarifvertrages sind abweichende Vereinbarungen jedoch ausdrücklich erlaubt, vgl. § 4 Abs. 5 TVG. Dies entspricht auch dem Sinn und Zweck von § 4 Abs. 5 TVG. Die Nachwirkung dient dem Schutz des Status quo der bereits Beschäftigten und damit der Vermeidung tarifloser Zeiten bei Ende eines Tarifvertrages. B wird in den Betrieb erst neu eintreten, ein schutzwürdiger Status quo liegt für ihn noch nicht vor.

3.1.2. Verstoß gegen einen bestehenden Tarifvertrag

Selbst bei einem noch bestehenden Tarifvertrag läge aber in der untertariflichen Vergütung kein Verstoß i.S.d. § 99 Abs. 2 Nr. 1 vor. Dieses Zustimmungsverweigerungsrecht liegt nur dann vor, wenn das Gesetz, der Tarifvertrag oder eine andere Rechtsnorm i.S.d. § 99 Abs. 2 Nr. 1 die Einstellung des Arbeitsnehmers als solche verbietet. Das ist aber nur dann der Fall, wenn die Beschäftigung des Arbeitnehmers unabhängig von den vereinbarten Arbeitsbedingungen untersagt ist. Dies ist z.B. bei der Beschäftigung von Kindern, die noch nicht 13 Jahre alt sind, der Fall. Dort spielt es überhaupt keine Rolle, zu welchen Bedingungen das Kind arbeiten soll. *Jede* Beschäftigung ist durch § 5 JArbSchG verboten. Tarifliche Lohnbestimmungen enthalten aber kein derartiges Beschäftigungsverbot. Sie legen lediglich die tariflichen Mindestarbeitsbedingungen fest und sichern im Falle einer Einstellung die Mindestvergütung. Im Übrigen hat der Betriebsrat bei § 99 Abs. 2 Nr. 1 BetrVG nur die Möglichkeit, die Zustimmung zu der personellen Maßnahme zu erteilen oder insgesamt zu verweigern. Er hat aber nicht die Befugnis, der Einstellung unter der Bedingung zuzustimmen, dass sie zu bestimmten Arbeitsbedingungen erfolge.

3.1.3. Verstoß gegen das Mitbestimmungsrecht gemäß § 87 Abs. 1 Nr. 10 BetrVG

Die Einstellung des B könnte daneben auch eine Verletzung der Mitbestimmungsrechte des Betriebsrates gemäß § 87 Abs. 1 Nr. 10 darstellen. Es erscheint allerdings bereits zweifelhaft, ob die soziale Mitbestimmung als Zustimmungsverweigerungsrecht geltend gemacht werden kann. Auch das erforderliche kollektive Regelungsbedürfnis scheint noch nicht vorzuliegen, weil derzeit nur die Entlohnung des B geregelt werden müsste. Der Betriebsrat hat aber in jedem Fall bereits deswegen kein Recht, die Zustimmung wegen einer Verletzung seiner Mitbestimmung bei § 87 Abs. 1 Nr. 10 BetrVG zu verweigern, weil er bei diesem Beteiligungsrecht ein Initiativrecht hat und damit von dem Arbeitgeber jederzeit die Aufstellung von Entlohnungsgrundsätzen und die Einführung neuer Entlohnungsmethoden verlangen kann. Dieses Initiativrecht muss der Betriebsrat aber auch ausüben. Er kann sich mithin nicht seiner Mitbestimmung enthalten, umgekehrt aber die Verletzung des Mitbestimmungsrechts als Grund für die Verweigerung der Zustimmung heranziehen.

3.1.4. Verstoß gegen § 75 BetrVG a. F.
Die untertarifliche Entlohnung könnte für den B eine verbotene Benachteiligung i.S.v. § 75 BetrVG a. F. (heute AGG) darstellen. Allerdings stellt nicht die Einstellung eine Benachteiligung dar. Eine Eingliederung in den Betrieb kann für den Arbeitnehmer keine Benachteiligung darstellen.

Da der Tarifvertrag keine Bestimmung enthält, die dem Arbeitgeber die Beschäftigung des B verbietet, liegt kein Zustimmungsverweigerungsrecht i.S.v. § 99 Abs. 2 Nr. 1 BetrVG vor.

3.2. Zustimmungsverweigerungsrecht gem. § 99 Abs. 2 Nr. 2 BetrVG
Der Verstoß der Einstellung des B gegen eine Auswahlrichtline i.S.v. § 95 BetrVG wurde von dem Betriebsrat nicht geltend gemacht.

3.3. Zustimmungsverweigerungsrecht gem. § 99 Abs. 2 Nr. 3 BetrVG
Der Betriebsrat könnte die Zustimmung zur Einstellung des B zu Recht verweigert haben, weil die durch Tatsachen begründete Besorgnis besteht, dass infolge der personellen Maßnahme die im Betrieb bereits Beschäftigten gekündigt werden oder sonstige Nachteile erleiden. Nachteile sind alle Erschwerungen der Arbeitsleistung. Allerdings sind die bereits beschäftigten Arbeitnehmer in dem Betrieb während der Laufzeit des Tarifvertrages durch diesen geschützt, vgl. § 4 Abs. 1 TVG. Nach Beendigung der Laufzeit sichert die Nachwirkung gemäß § 4 Abs. 5 TVG den Status quo der bereits Beschäftigten. Eine Schlechterstellung der Arbeitnehmer aufgrund der Einstellung des B ist daher nicht zu befürchten. Selbst wenn der Arbeitgeber aber die Nachwirkung des Tarifvertrages zum Anlass nimmt, die Arbeitsbedingungen der bereits Beschäftigten durch Ausspruch einer Änderungskündigung zu ändern, steht diese nicht im Zusammenhang mit der Einstellung des B. Eine Änderungskündigung ist nur dann gerechtfertigt, wenn sie durch personen-, verhaltens- oder betriebsbedingte Gründe gerechtfertigt ist. Die Einstellung des B kann die Änderungskündigung nicht rechtfertigen.
Folglich lag kein Recht vor, die Zustimmung zur Einstellung des B gemäß § 99 Abs. 2 Nr. 3 BetrVG zu verweigern.

3.4. Zustimmungsverweigerungsrecht gem. § 99 Abs. 2 Nr. 4 BetrVG
Der Betriebsrat könnte die Zustimmung zur Einstellung des B zu Recht verweigert haben, weil die Einstellung des B zu untertariflichen Bedingungen diesen benachteiligt. § 99 BetrVG sieht indes nur die Möglichkeit vor, der Einstellung in der vom Arbeitgeber beabsichtigten Form zuzustimmen oder sie insgesamt abzulehnen. Folglich kann der Widerspruch des Betriebsrats wegen Benachteiligung des betroffenen Arbeitnehmers nur mit der Einstellung als solcher begründet werden und nicht mit einzelnen Regelungen des Arbeitsverhältnisses. Die Einstellung als solche kann daher für den Arbeitnehmer niemals eine Benachteiligung

darstellen. Damit ist § 99 Abs. 2 Nr. 4 BetrVG auf die Einstellung grundsätzlich unanwendbar und kommt damit allenfalls bei Versetzungen und Umgruppierungen in Betracht.

3.5. Zustimmungsverweigerungsrecht gem. § 99 Abs. 2 Nr. 5 BetrVG
Eine entgegen seinem Verlangen unterbliebene interne Stellenausschreibung hat der Betriebsrat nicht vorgetragen.

3.6. Zustimmungsverweigerung gem. § 99 Abs. 2 Nr. 6 BetrVG
Schließlich könnte der Betriebsrat die Zustimmung zu Recht verweigert haben, wenn die durch Tatsachen begründete Besorgnis besteht, dass B den Betriebsfrieden durch gesetzwidriges Verhalten oder durch grobe Verletzung der in § 75 Abs. 1 a. F. enthaltenen Grundsätze, insbesondere durch rassistische oder fremdenfeindliche Betätigung stören wird. Die vom Betriebsrat hierzu vorgetragenen Behauptungen sind bereits zu pauschal um als Begründung herangezogen werden zu können. Auch besteht keinerlei Anlass, dem B wegen seiner untertariflichen Vergütung ein gesetzwidriges Verhalten zu unterstellen. Im Übrigen greift dieses Zustimmungsverweigerungsrecht nur dann ein, wenn der Arbeitnehmer den Betriebsfrieden in der Vergangenheit bereits durch gesetzwidriges, rassistisches oder fremdenfeindliches Verhalten gestört hat und für die Zukunft von einer Wiederholungsgefahr ausgegangen werden muss. Dazu trägt der Betriebsrat hier allerdings nichts vor. Somit lag auch kein Recht vor, die Zustimmung nach § 99 Abs. 2 Nr. 6 BetrVG zu verweigern.

4. Ergebnis: Es lag kein Zustimmungsverweigerungsrecht des Betriebsrates gemäß § 99 Abs. 2 vor. Das Arbeitsgericht wird auf Antrag des Arbeitsgebers die Zustimmung gemäß § 99 Abs. 4 BetrVG ersetzen.

4.4 Vorläufige Personelle Maßnahme, § 100 BetrVG

Ist die personelle Maßnahme aus sachlichen Gründen dringend erforderlich, kann sie der Arbeitgeber vorläufig durchführen. Diese Möglichkeit besteht, wenn sich der Betriebsrat noch nicht zu der personellen Maßnahme geäußert hat, also vor Ablauf der Wochenfrist, oder wenn der Betriebsrat die Zustimmung verweigert und der Arbeitgeber die Ersetzung der Zustimmung durch das Arbeitsgericht beantragt hat. Aus sachlichen Gründen dringend erforderlich ist die Maßnahme z.B. bei akuten Personalengpässen. Der Arbeitgeber muss sowohl den betroffenen Arbeitnehmer als auch den Betriebsrat über die Durchführung der vorläufigen Maßnahme unterrichten. Bestreitet der Betriebsrat, dass die Maßnahme aus sachlichen Gründen dringend erforderlich ist, darf der Arbeitgeber diese nur durchführen, wenn er innerhalb von drei Tagen die Feststellung durch das

Arbeitsgericht beantragt, dass die Maßnahme aus sachlichen Gründen dringend erforderlich ist, § 100 Abs. 2 BetrVG.

4.5 Verletzung der personellen Mitbestimmungsrechte, § 101 BetrVG

Verletzt der Arbeitgeber die Mitbestimmungsrechte des Betriebsrates gemäß §§ 99, 100 BetrVG, kann der Betriebsrat den Arbeitgeber durch das Arbeitsgericht dazu verpflichten lassen, die Maßnahme aufzuheben. Die Aufhebung führt bei Einstellungen nicht zur Unwirksamkeit des Arbeitsvertrages. Der Arbeitgeber darf den Arbeitnehmer aber nicht beschäftigten. Bei mitbestimmungswidrigen Versetzungen ist der Arbeitnehmer so lange berechtigt, seine Arbeitsleistung zurückzuhalten, bis der Arbeitgeber ihm die ursprünglichen Arbeitsbedingungen wieder anbietet.

5. Besonderheiten in Tendenzbetrieben, § 118 BetrVG

In Tendenzbetrieben sind die Mitbestimmungsrechte des Betriebsrates bei personellen Maßnahmen weniger ausgeprägt. Hier hat er nur die Möglichkeit der Stellungnahme, nicht aber der Zustimmungsverweigerung. Auf diese Weise soll vermieden werden, dass die Mitbestimmung des Betriebsrates zu einer Beeinträchtigung der verfassungsrechtlich geschützten Tendenzverwirklichung des Arbeitsgebers führen kann.

6. Mitbestimmung des Betriebsrates bei Kündigungen, § 102 BetrVG

6.1 Zweck der Mitbestimmung bei Kündigungen

Der Arbeitgeber ist verpflichtet, vor jeder Kündigung eines Arbeitnehmers den Betriebsrat anzuhören. Zweck dieser Anhörung ist eine mögliche Einflussnahme auf die Willensbildung des Arbeitgebers, um so ggf. den Ausspruch der Kündigung vermeiden zu können. Zu beachten ist dabei, dass das Anhörungserfordernis kein Zustimmungsrecht des Betriebsrats ist. Demzufolge kann der Arbeitgeber auch bei einem Widerspruch die Kündigung wirksam aussprechen. Versäumt der Arbeitgeber jedoch vor Ausspruch der Kündigung, den Betriebsrat anzuhören, so ist die Kündigung von Beginn an unwirksam. Auf weitere Kündigungsgründe kommt es nicht mehr an.

Der Arbeitnehmer wird bereits aus diesem Grunde die Kündigungsschutzklage gewinnen und hat somit einen Anspruch auf Weiterbeschäftigung.

6.2 Anwendbarkeit des § 102 BetrVG

Der Arbeitgeber muss den Betriebsrat vor jeder Kündigung hören. Der eindeutige Wortlaut des Gesetzes stellt daher nicht auf die Art der Kündigung ab. Umfasst ist damit *jede* ordentliche, außerordentliche und jede Änderungskündigung. Insoweit kommt es nicht darauf an, ob bereits Kündigungsschutz besteht. Das Anhörungserfordernis gilt demzufolge bereits in der Probezeit. Daneben ist die Anhörung auch bei einer Kündigung von befristet-, Teilzeit-, oder geringfügig Beschäftigten erforderlich.

6.3 Anhörungsverfahren gemäß § 102 BetrVG

Beabsichtigt der Arbeitgeber, eine Kündigung auszusprechen, so hat er das Anhörungsverfahren durchzuführen. Dies kann sowohl schriftlich als auch mündlich erfolgen. Der Arbeitgeber wird jedoch regelmäßig die Schriftform wählen, da er im Kündigungsschutzprozess beweispflichtig für die Ordnungsmäßigkeit der Anhörung ist. Das Anhörungsschreiben ist dem Betriebsratsvorsitzenden, bei dessen Abwesenheit dessen Stellvertreter zuzuleiten. Nur diese fungieren als Erklärungsempfänger. Grundsätzlich hat die Übermittlung des Schreibens während der Arbeitszeit zu erfolgen. Die Entgegennahme kann aber auch außerhalb der Arbeitszeit vorgenommen werden, mit der Folge, dass in diesem Falle die Fristen zu laufen beginnen. Der Vorsitzende hat dann jedoch die Möglichkeit, die Erklärung zurückweisen.

Formal setzt das Schreiben des Arbeitgebers voraus, dass mitgeteilt wird, welcher Arbeitnehmer gekündigt werden soll und welche Art von Kündigung gewählt wird. Daneben muss der Arbeitgeber die von ihm berechnete Kündigungsfrist darlegen, wobei zu beachten ist, dass eine fehlerhafte Berechnung nicht zu einer unwirksamen Anhörung führt. Vielmehr wird das Gericht in diesem Fall die Kündigung auf den richtigen Beendigungszeitpunkt legen. Dem Betriebsrat sind ferner alle erforderlichen Informationen, die dem Arbeitgeber zur Verfügung stehen, wie etwa

- Sozialdaten und
- Unterhaltsverpflichtungen

zu überlassen.

Ausnahmsweise sind auch ungenaue Angaben über Alter, Betriebszugehörigkeit etc. ausreichend, wenn der Betriebsrat aufgrund seiner Unterlagen die erforderlichen Daten selbst ergänzen kann. Schließlich muss der Arbeitgeber alle Gründe, auf die er aus seiner Sicht die Kündigung stützen will, mitteilen. Hier vertritt das Bundesarbeitsgericht die Auffassung der sog. subjektiven Determinierung. Dies bedeutet, dass der Arbeitgeber nicht verpflichtet ist, dem Betriebsrat alle objektiv kündigungsrelevanten Tatsachen mitzuteilen, wenn er die Kündigung darauf zunächst nicht stützen will oder weil er sie bei seinem Kündigungsentschluss für unerheblich bzw. entbehrlich hält.

Beispiel: Der Arbeitnehmer ist am 01.03. 30 Minuten zu spät zur Arbeit erschienen und manipuliert die Zeiterfassung. Am 04.03. verweigert er zusätzlich die Arbeit. Will der Arbeitgeber nunmehr die Kündigung aussprechen, so kann er nur bzgl. der Manipulation der Zeiterfassung anhören, wenn er auch nur darauf kündigen will.

Insgesamt bleibt daher festzuhalten, dass die Anhörung dann ordnungsgemäß erfolgt ist, wenn der Betriebsrat ohne zusätzliche eigene Nachforschungen in der Lage ist, selbst die Stichhaltigkeit der Kündigungsgründe zu prüfen. Dazu muss der Arbeitgeber dem Betriebsrat mögliche Beweismittel (Videoaufzeichnung etc) jedoch nicht übergeben. Nicht ausreichend ist die Anhörung somit, wenn er den für ihn maßgeblichen Kündigungssachverhalt nur pauschal, stich- oder schlagwortartig umschreibt. Ist das Anhörungsverfahren nicht ordnungsgemäß durchgeführt worden, führt dies zur Unwirksamkeit der Kündigung. Bemerkt der Arbeitgeber dies nachträglich, ist es für ihn nicht möglich, die fehlerhafte Anhörung zu heilen. Dies gilt grundsätzlich selbst dann, wenn der Betriebsrat mit einer nachträglichen Anhörung einverstanden ist.

6.4 Nachschieben von Kündungsgründen

Es kommt jedoch immer wieder vor, dass der Arbeitgeber im Prozess zusätzliche Kündigungsgründe anführt. In dieser Situation differenziert das Bundesarbeitsgericht:

1. War der Grund bereits vor Ausspruch der Kündigung bekannt, wurde der Betriebsrat hierzu jedoch nicht angehört, ist ein Einführen in den Prozess nicht möglich. Der Arbeitgeber muss in dieser Situation ein neues Anhörungs-

verfahren durchführen und im Anschluss an den zusätzlichen Grund kündigen.

2. Wird der Grund erst nach Ausspruch der Kündigung bekannt, muss der Arbeitgeber eine Anhörung analog § 102 BetrVG vornehmen. Im Anschluss ist ein Nachschieben von Kündigungsgründen möglich, da diese Verfahrensweise der Prozessökonomie dient.

Beispiel: Im oben genannten Fall, könnte der Arbeitgeber nach Anhörung bzgl. der Manipulation den Kündigungsgrund der Arbeitsverweigerung nicht nachschieben. Etwas anderes gilt nur dann, wenn er die Kündigung am 07.03. ausgesprochen hätte und von der Arbeitsverweigerung erst ab dem 08.03. erfahren hätte.

6.5 Fehler im Anhörungsverfahren

Probleme ergeben sich immer wieder, wenn den Parteien Fehler im Anhörungsverfahren unterlaufen. In diesem Fall muss differenziert werden, aus wessen Verantwortungsbereich dieser Fehler stammt. Fehler im Verantwortungsbereich des Arbeitgebers führen zur Unwirksamkeit der Kündigung. Dazu gehören:

- Fehlende Anhörung
- Keine hinreichende Mitteilung der Gründe
- Überlassung der Unterlagen an den – hierfür nicht zuständigen – Betriebsrat
- Mitteilung des Betriebsratvorsitzenden unmittelbar im Anschluss an die Unterrichtung des Arbeitgebers, er stimme der Kündigung zu. In diesem Fall ist für den Arbeitgeber erkennbar, dass sich der aus mehreren Mitgliedern bestehende Betriebsrat noch nicht mit der Kündigung befasst haben kann.

Fehler im Verantwortungsbereich des Betriebsrates berühren nicht die Wirksamkeit der Kündigung. Dies gilt selbst dann, wenn dem Arbeitgeber die Fehler bekannt waren. Nur ausnahmsweise ist eine Zurechnung möglich und zwar in den Fällen, in denen der Arbeitgeber die fehlerhafte Beschlussfassung veranlasst hat.

Beispiel: Der Arbeitgeber setzt den Betriebsratsvorsitzenden unter Druck, bestimmten Mitgliedern keine Einladung zur Betriebsratssitzung zu übersenden, da der Arbeitgeber weiß, dass diese Mitglieder gegen die Kündigung stimmen werden. Dem folgt der Vorsitzende. Bei der

Abstimmung erfolgt die Zustimmung zur Kündigung mit 4:3 Stimmen. 3 Mitglieder waren aufgrund fehlender Einladung nicht anwesend.

Demzufolge wäre aber allein die fehlerhafte Besetzung des Betriebsrats aufgrund nicht ordnungsgemäßer durchgeführter Ladung der Mitglieder kein Grund, der die Kündigung unwirksam macht. Es muss immer die *Veranlassung* durch den Arbeitgeber zusätzlich vorliegen.

6.6 Bedenken des Betriebsrates

Hat der Betriebsrat gegen die Kündigung Bedenken, so hat er dies dem Arbeitgeber mitzuteilen. Bei einer ordentlichen Kündigung steht ihm dabei eine Frist von einer Woche, bei einer außerordentlichen Kündigung eine Frist von drei Tagen zur Verfügung. Dabei ist zu beachten, dass der Tag des Zugangs der Mitteilung nicht zur Frist gerechnet wird. Geht mithin das Anhörungsschreiben dem Betriebsrat am Montag zu, so muss dieser bei einer außerordentlichen Kündigung bis Donnerstag 24:00 Uhr widersprochen haben.

6.7. Schweigen des Betriebsrates

Äußert sich der Betriebsrat innerhalb der Frist nicht, gilt die Zustimmung zur Kündigung nach § 102 Abs. 2 S. 2 BetrVG als erteilt. Nach dem Wortlaut greift die Zustimmungsfiktion jedoch nur dann ein, wenn es sich um eine ordentliche Kündigung handelt. Bei der außerordentlichen Kündigung gilt Schweigen daher als Widerspruch. Erfolgt demgegenüber eine abschließende Stellungnahme des Betriebsrates schon vor Ablauf der Wochenfrist, so kann der Arbeitgeber ab diesem Zeitpunkt seine Kündigung aussprechen. Gleiches gilt, wenn der Betriebsrat der Kündigung ausdrücklich zustimmt.

6.8 Widerspruch

Der Betriebsrat kann durch seinen Widerspruch jegliche Bedenken gegen die Kündigung geltend machen. Ein Weiterbeschäftigungsanspruch des Arbeitnehmers gemäß § 102 Abs. 5 BetrVG wird allerdings nur durch die in § 102 Abs. 3 BetrVG genannten Gründe ausgelöst. Dabei braucht das Vorbringen des Betriebsrates nicht schlüssig zu sein, er darf sich jedoch auch nicht nur auf die Wiederholung des Gesetzestextes beschränken.

Demzufolge ist der Widerspruch bereits dann begründet, wenn die Widerspruchsbegründung es als möglich erscheinen lässt, dass einer der Widerspruchsgründe geltend gemacht wird.

6.8.1 Widerspruchsgründe

Als mögliche Widerspruchsgründe kommen in Betracht:

- **Eine fehlerhafte Sozialauswahl, § 102 Abs. 3 Nr. 1 BetrVG.**
  Der Arbeitgeber hat bei der Auswahl des zu kündigenden Arbeitnehmers soziale Gesichtspunkte nicht oder nicht ausreichend berücksichtigt. Dieser Widerspruchsgrund kommt nur bei der betriebsbedingten Kündigung in Betracht, sofern andere vergleichbare Arbeitnehmer nicht mit in die Sozialauswahl einbezogen worden sind oder der zu kündigende Arbeitnehmer schutzbedürftiger ist.

- **Die Kündigung verstößt gegen eine Auswahlrichtlinie, § 102 Abs. 3 Nr. 2 BetrVG.**

  Beispiel: Im Unternehmen bestehen Auswahlrichtlinien, die vorschreiben, dass bei betriebsbedingten Kündigungen die Unterhaltspflichten der Arbeitnehmer besonders zu berücksichtigen sind. Bei Ausspruch der Kündigungen durch den Arbeitgeber bleiben die Unterhaltspflichten unberücksichtigt.

- **Der Arbeitnehmer kann auf einem anderen Arbeitsplatz im Betrieb des Unternehmens beschäftigt werden, § 102 Abs. 3 Nr. 3 BetrVG.**
  Anderer Arbeitsplatz meint dabei jede andere Beschäftigungsmöglichkeit, die ohne Änderung der Vertragsbedingungen in demselben Betrieb oder in einem anderen Betrieb desselben Unternehmens möglich ist. Der Arbeitsplatz muss durch den Betriebsrat benannt werden.

- **Der Arbeitnehmer kann nach zumutbaren Umschulungs- oder Fortbildungsmaßnahmen weiterbeschäftigt werden, § 102 Abs. 3 Nr. 4 BetrVG.**
  Hier muss bereits klar sein, auf welchem Arbeitsplatz der Arbeitnehmer eingesetzt werden kann, wenn er die Umschulungs- oder Fortbildungsmaßnahmen absolviert hat.

- **Die Weiterbeschäftigung ist unter geänderten Vertragsbedingungen möglich und der Arbeitnehmer hat sein Einverständnis zu der Vertragsänderung erteilt, § 102 Abs. 3 Nr. 5 BetrVG.**
  Hier kommen nur schlechtere Arbeitsbedingungen in Betracht, wie z.B. eine niedere Tätigkeit, schlechtere Vergütung usw. Eine Beförderung des Arbeitnehmers lässt sich durch dieses Widerspruchsrecht nicht erreichen.

Die Widerspruchsgründe des § 102 Abs. 3 BetrVG sind ausdrücklich auf die betriebs- bzw. personenbedingte Kündigung zugeschnitten und damit auf Kündigungsgründe, deren Eintritt der Arbeitnehmer nicht steuern kann. Bei einer verhaltensbedingten Kündigung ist ein Widerspruch des Betriebsrates so gut wie ausgeschlossen.

6.9 Abschrift

Hat der Betriebsrat aus einem Grund nach § 102 Abs. 3 BetrVG der Kündigung form- und fristgerecht widersprochen, so hat der Arbeitgeber dem Arbeitnehmer eine Abschrift des Widerspruchs zuzuleiten. Der Arbeitnehmer soll dadurch seine Aussichten in einem Kündigungsprozess besser abschätzen und sich im Verfahren auf den Widerspruch des Betriebsrates berufen können.

6.10 Anspruch auf Weiterbeschäftigung, § 102 Abs. 5 BetrVG

Hat der Arbeitgeber eine ordentliche Kündigung ausgesprochen, der Betriebsrat frist- und formgerecht widersprochen und der Arbeitnehmer Kündigungsschutzklage erhoben, so hat der Arbeitnehmer einen Anspruch auf Weiterbeschäftigung bis zum rechtskräftigen Abschluss des Kündigungsschutzprozesses. Während der Weiterbeschäftigung ist der Arbeitgeber zur Vergütungszahlung einschließlich aller Nebenleistungen verpflichtet. Somit hat der Arbeitnehmer auch Anspruch auf Entgeltfortzahlung und Urlaub.

XIII. Mitbestimmung des Betriebsrates in wirtschaftlichen Angelegenheiten, §§ 111 ff BetrVG

1. Betriebsänderung, § 111 BetrVG

Will der Arbeitgeber in einem Unternehmen mit in der Regel mehr als 20 wahlberechtigten Arbeitnehmern eine Betriebsänderung i.S. von § 111 BetrVG durchführen, muss er den Betriebsrat über sein Vorhaben rechtzeitig unterrichten und mit dem Betriebsrat gemeinsam beraten. Möglichkeiten des Betriebsrates, die Betriebsänderung zu vermeiden, bestehen nicht.

2. Interessenausgleich, § 112 BetrVG

Jede Betriebsänderung löst daneben auch die Verpflichtung aus, mit dem Betriebsrat Verhandlungen über einen sogenannten Interessenausgleich zu führen. Dieser ist eine Vereinbarung über den Ablauf der Betriebsänderung. Dabei ist der Interessenausgleich nicht erzwingbar. Vielmehr handelt es sich um eine kollektivrechtliche Vereinbarung sui generis. Kommt eine Vereinbarung über den Interessenausgleich nicht zustande, können die Parteien den Vorstand der Bundesagentur oder auch die Einigungsstelle um Vermittlung ersuchen, vgl. § 112 Abs. 2 S. 1 BetrVG. Bleiben auch diese Vermittlungsversuche erfolglos, ist der Versuch des Interessenausgleichs gescheitert. Der Arbeitgeber hat seiner Mitbestimmungspflicht entsprochen, wenn er mit dem Betriebsrat ernsthafte Verhandlungen über den Interessenausgleich geführt hat. Verstößt der Unternehmer gegen seine Verpflichtung, einen Interessenausgleich mit dem Betriebsrat zu verhandeln, schuldet er den Arbeitnehmern, die infolge der Betriebsänderung Nachteile erleiden, einen sogenannten Nachteilsausgleich gemäß § 113 BetrVG.

3. Sozialplan, § 112 BetrVG

Neben dem Versuch eines Interessenausgleichs löst grundsätzlich jede Betriebsänderung auch eine Sozialplanpflichtigkeit aus, § 112 BetrVG. Ausnahmen hiervon sieht § 112 a BetrVG z.B. bei neu gegründeten Unternehmen vor. Der Sozialplan sieht einen finanziellen Ausgleich oder eine Milderung für die Nachteile vor, die die Arbeitnehmer durch die Betriebsänderung erleiden. Regelmäßig beinhaltet der Sozialplan Abfindungen der Arbeitnehmer, die im Rahmen der Betriebsänderung entlassen werden. Es sind aber auch andere Leistungen, wie z.B. Fahrtkostenerstattungen oder Umzugsbeihilfen denkbar. § 112 Abs. 1 S. 3 BetrVG regelt, dass der Sozialplan die Wirkung einer Betriebsvereinbarung hat. Damit ist der Sozialplan auch erzwingbar und kann damit durch die Einigungsstelle aufgestellt werden, vgl. § 112 Abs. 4 BetrVG.

Unter Umständen kann es schwierig zu beurteilen sein, ob eine Betriebsänderung und damit eine Verpflichtung zu Interessenausgleichsverhandlungen und Sozialplan besteht.

Beispiel: Die Arbeitgeberin betrieb eine Samt- und Plüschweberei und beschäftigte zuletzt 27 Arbeitnehmer. Bei der Arbeitgeberin besteht ein Betriebsrat. Zum Jahresende 2012 entschloss sich die Arbeitgeberin, die Schärerei stillzulegen, da nach ihrem Vorbringen die Aufrechterhaltung der eigenen Schärerei wirtschaftlich nicht mehr zu rechtfertigen war. In der Schärerei werden die Kettfäden für das Webstück auf einen Schärbaum gewickelt, von dem dann die Kettfäden während des Webvorgangs langsam abgezogen werden. Der Durchmesser des Schärbaums bestimmt die mögliche Länge der Kettfäden. Ist ein Schärbaum abgewebt, muss der Webstuhl erneut eingerichtet werden, d.h. die Kettfäden müssen auf einen neuen Schärbaum aufgezogen werden. Das Schären der Kettfäden auf den Schärbaum geschieht auf einem Schärstuhl.

Die Arbeitgeberin hatte bis zu ihrem Entschluss einen einzigen Schärstuhl. Auf diesem konnten Schärbäume bis zu einem Durchmesser von 80 cm gewickelt werden. In der Schärerei beschäftigte die Arbeitgeberin drei Schärerinnen und einen Vorarbeiter. Das Schären der Kettfäden will die Arbeitgeberin in Lohnarbeit durch darauf spezialisierte Firmen durchführen lassen. Schon vor der Stilllegung der eigenen Schärerei hatte sie in geringerem Umfang Schärarbeit in Lohnarbeit durchführen lassen.

Die 51-jährige Arbeitnehmerin war seit Oktober 1988 bei der Arbeitgeberin beschäftigt und verdiente zuletzt im Monat durchschnittlich 2.215,00 €. Verhandlungen mit dem Betriebsrat über einen Interessenausgleich fanden nicht statt. Der Betriebsrat wurde lediglich zu den Kündigungen gehört und hat diesen nicht widersprochen. Die Arbeitnehmerin sieht in der Stilllegung der Schärerei die Stilllegung eines wesentlichen Betriebsteils. Vor der Durchführung hätte die Arbeitgeberin daher einen Interessenausgleich mit dem Betriebsrat versuchen müssen. Da dies nicht geschehen sei, habe sie Anspruch auf Zahlung einer Abfindung. Die Abfindung müsse mit Rücksicht auf ihr Alter und ihre lange Betriebszugehörigkeit mindestens 27.000,00 € (= 12 Monatseinkommen) betragen.

Kann die Arbeitnehmerin von ihrer Arbeitgeberin die Zahlung von 27.000,00 € verlangen?

Anspruch der Arbeitnehmerin auf Zahlung eines Nachteilsausgleichs in Höhe von 27.000,00 € gemäß § 113 Abs. 3 i.V.m. Abs. 1 i.V.m. § 111 BetrVG?

Die Arbeitnehmerin könnte gegen ihre Arbeitgeberin einen Anspruch auf Zahlung eines Nachteilsausgleichs in Höhe von 27.000,00 € haben, wenn die Arbeitgeberin eine Betriebsänderung durchgeführt hat, ohne Verhandlungen über einen Interessenausgleich geführt zu haben.

1. Anwendungsbereich des § 111 BetrVG
Der Anwendungsbereich des § 111 S. 1 BetrVG ist eröffnet. Es handelt sich um ein Unternehmen mit mehr als 20 wahlberechtigten Arbeitnehmern. Ein Betriebsrat ist vorhanden.

2. Betriebsänderung
2.1. Verhältnis von § 111 S. 3 zu S. 1
Die Arbeitgeberin müsste eine Betriebsänderung vorgenommen haben. Die h.M. nimmt an, dass § 111 S. 3 Nr. 1 bis 5 BetrVG Regelbeispiele enthält, bei denen die Gefahr des Eintritts wesentlicher Nachteile indiziert ist. § 111 S. 1 BetrVG enthalte demzufolge eine Generalklausel, bei der die Nachteilseintrittsgefahr gesondert festgestellt werden muss.

2.2. Betriebsänderung gemäß § 111 S. 3 Nr. 1 BetrVG
2.2.1. Einschränkung des Betriebes
Die Arbeitgeberin könnte durch die Stilllegung der Schärerei eine Einschränkung des Betriebes vorgenommen haben. Die Einschränkung ist die nicht nur vorübergehende Herabsetzung der Leistungsfähigkeit des Betriebes, entweder durch Personalabbau oder durch die Stilllegung von Maschinen. Vorliegend kommt eine Betriebseinschränkung durch Personalabbau in Betracht. Fraglich ist allerdings, wie umfangreich ein Personalabbau sein muss, um neben der Beteiligung des Betriebsrates nach § 102 BetrVG auch eine solche nach § 112 auszulösen. Nicht jede Kündigung kann nämlich die Verpflichtung mit sich bringen, einen Interessenausgleich zu verhandeln und einen Sozialplan abzuschließen. Vielmehr muss es sich um einen erheblichen Personalabbau handeln.

Das BAG zieht als Maßstab für die Frage, wann ein Personalabbau auch Interessenausgleichsverhandlungen mit sich bringt, die Schwellenwerte des § 17 KSchG heran. Diese werden allerdings dahingehend modifiziert, dass es in Großbetrieben nicht ausreicht, wenn die in § 17 KSchG genannten Arbeitnehmerzahlen erfüllt sind. Vielmehr müssen die von der Maßnahme des Arbeitgebers betroffenen Arbeitnehmer 5% der Gesamtbelegschaft des Betriebes ausmachen.

Der Betrieb der Arbeitgeberin unterliegt § 17 Abs. 1 Nr. 1 KSchG. Somit müssten mehr als 5 Arbeitnehmer von dem Personalabbau betroffen sein. Es handelt sich hier aber lediglich um vier Arbeitnehmer, sofern der

Vorarbeiter mitberücksichtigt wird. Die Abweichung von § 17 Abs. 1 Nr. 1 KSchG beträgt damit 50%. Ein erheblicher Personalabbau wurde folglich nicht vorgenommen.

2.2.2. Stilllegung eines wesentlichen Betriebsteils
Die Arbeitgeberin könnte auch einen wesentlichen Betriebsteil stillgelegt haben. Die Stilllegung ist Aufgabe des betrieblichen Zwecks unter Auflösung der betrieblichen Organisation aufgrund eines einheitlichen Willensentschlusses des Arbeitgebers für dauerhafte, nicht nur vorübergehende Zeit. Die Schärerei wurde dauerhaft aufgelöst. Eine Stilllegung liegt somit vor.

Fraglich ist allerdings, ob es sich bei der Schärerei auch um einen wesentlichen Betriebsteil handelt. Die Wesentlichkeit eines Betriebsteils beruht vorrangig auf der Anzahl der dort beschäftigten Arbeitnehmer. Hier wird wiederum der Maßstab des § 17 KSchG herangezogen. Stellt man also allein auf die Anzahl der in der Schärerei Beschäftigten ab, ist die Wesentlichkeit der Schärerei abzulehnen.

Die Wesentlichkeit eines Betriebsteils kann aber auch auf seiner Bedeutung für den gesamten Betrieb beruhen. Hier könnte die Wesentlichkeit der Schärerei insbesondere dadurch begründet sein, weil sie ein Vorprodukt für die Herstellung von Samt und Plüsch geliefert hat und damit der Grundsatz gelten würde: „Kein Vorprodukt, kein Endprodukt." Würde aber allein dieser Umstand die Wesentlichkeit herbeiführen, wäre jeder Betriebsteil in der industriellen Fertigung wesentlich. Die moderne Produktion ist gerade dadurch geprägt, dass in jeder Abteilung die Be- oder Verarbeitung eines Vorprodukts für eine andere Abteilung vorgenommen wird. Dieses Verständnis widerspricht aber gerade dem Wortlaut des § 111 S. 3 Nr. 1 BetrVG: Hiernach stellt nicht jede Stilllegung eines Betriebsteils eine Betriebsänderung dar, sondern nur dann, wenn der Betriebsteil „wesentlich" ist. Die Stilllegung der Schärerei ist damit keine Stilllegung eines wesentlich Betriebsteils gemäß § 111 S. 3 Nr. 1 BetrVG.

2.3. Betriebsänderung gemäß § 111 S. 3 Nr. 2 und Nr. 3 BetrVG
Eine Betriebsänderung wegen Ortsverlegung, Verschmelzung oder Spaltung scheidet vorliegend aus.

2.4. Betriebsänderung gemäß § 111 S. 3 Nr. 4 BetrVG
Vorliegend könnte aber eine grundlegende Änderung der Betriebsorganisation, des Betriebszwecks oder der Betriebsanlagen vorgenommen worden sein. Die betriebliche Organisation ist die Zusammenarbeit von Arbeitgeber und Arbeitnehmer zur Erreichung des Betriebszwecks. Durch den Wegfall der Schärerei könnte sich die betriebliche Organisation durchaus geändert haben. Die Änderung müsste aber auch grundlegend sein. Dies wird anhand des Maßstabs des § 17 KSchG beurteilt. Die Arbeitnehmeranzahl des § 17 wird vorliegend nicht erreicht. Folglich

handelt es sich nicht um eine grundlegende Änderung der betrieblichen Organisation. Der Betriebszweck ist unverändert die Herstellung von Samt und Plüsch.

Auch eine grundlegende Änderung der Betriebsanlagen, also der technischen Ausstattung des Betriebes scheitert an § 17 KSchG.

2.5. Betriebsänderung gemäß § 111 S. 3 Nr. 5 BetrVG
Vorliegend handelt es sich bereits nicht um die Einführung neuer Arbeitsmethoden und Fertigungsverfahren, sondern um die Abschaffung alter Methoden. Daneben kommt auch bei Nr. 5 die Vorschrift des § 17 KSchG zur Anwendung („grundlegend"). Eine Betriebsänderung gemäß § 111 S. 3 Nr. 5 BetrVG liegt somit ebenfalls nicht vor.

2.6. Betriebsänderung nach § 111 S. 1 BetrVG
Auch eine Maßnahme, die nicht in § 111 S. 3 BetrVG genannt wird, kann nach der Generalklausel des S. 1 eine Betriebsänderung darstellen. Dazu müsste die Maßnahme wesentliche Nachteile zur Folge haben. Die Arbeitnehmerin ist entlassen worden. Damit liegt ein wesentlicher Nachteil i.S.v. S. 1 vor. Der wesentliche Nachteil muss allerdings zumindest für einen erheblichen Teil der Belegschaft eingetreten sein. Die Erheblichkeit i.S.d. § 111 S. 1 BetrVG beurteilt sich ebenfalls nach § 17 KSchG. Folglich scheidet auch nach Generalklausel eine Betriebsänderung wegen der zu geringen Anzahl der betroffenen Arbeitnehmer aus.

3. Ergebnis: Die Stilllegung der Schärerei war keine Betriebsänderung i.S.v. § 111 BetrVG. Die Arbeitgeberin war daher nicht verpflichtet, mit dem Betriebsrat über einen Interessenausgleich zu verhandeln. Die Arbeitnehmerin hat keinen Anspruch auf Nachteilsausgleich in Höhe von 27.000,00 € gemäß § 113 Abs. 3 i.V.m. Abs. 1 i.V.m. § 111 BetrVG.